現実を変えるチカラ

——発達障害を乗り越えて——

水野　展壽
MIZUNO NOBUHISA

渡邉　奈津紀
BE NATSUKI

はじめに

突然ですが皆様、今幸せでしょうか?

もし今幸せじゃないとしたら、それは誰かのせい?若しくは何かのせいでしょうか?

私はかつて不幸でした。すべての不幸を発達障害のせい。虐待のせい。誰かや何かのせいにしていました。けれど様々な情報に出会い、私は変わる事が出来ました。幸せは自分で選択出来ると知ったのです。その情報についてお話させていただきます。私達がこの本を書くに至った経緯は、

・私と同じ発達障害を持つ方
・発達障害を持つ方のご家族やご友人の方
・今の不幸を誰かや何かのせいにしてしまっている、かつての私のような方

そのような方々に、私が自分を変えることが出来た「選択理論」や「目標達成の技術」の考え方を普及したいと考えたからです。発達障害=ネガティブなもの=欠点である、と捉えている方も多いかなと思います。また、発達障害の有無に関わらず自分には価値がないと思いこみ希死念慮に苛まれる方、そんな方の気持ちがよくわかるのです。そんな自分だからこそ、発達障害や欠点をプラスに解釈することで出来たことや人の役に立てたことなど、たくさんあるのです。

「自分だからこそ伝わること」それを私達は全力で試して行きたいと考えております。ネガティブな思い込みを乗り越えて「先ずはやってみる」

そこに全身全霊で臨んだとき何かをきっと変えていける。私達はそれを実体験しました。そして皆様の可能性や可能力を、私は信じています。

皆様が今どんな現実を生きていたとしても、きっとそこには道が拓ける。きっと「あなただからこそ出来ること」があるはずです。皆様の可能性や可能力の発見をお手伝いがしたいと思っております。

本書では私の特性を敢えてそのまま出すということをしています。話が飛んだり急に話題が変わったり、一項ごとにその都度考えたことや感じたことを切り抜いて、あたかも短編集のように仕立てておりますす。話が急に飛躍してしまっても、温かい目で見守っていただけますと幸いです。

私からの視点だけではなく、共同著者で友人の渡邉さんのお話も交えて皆様に「人はいつからでも、どこからでも良くなれる。」と言う事をメッセージさせて頂ければと思います。

この『現実を変えるチカラ』を通して皆様にお伝えしたいことは、「事実は一つ、解釈は無数」「考え方が変われば人生の質が変わる」「人はいつからでも、どこからでも良くなれる」この3点に尽きます。

皆様がどのようなフレームでこの世界を捉えているのか、またそれは事実なのか解釈なのか？私たちが幸せな人生を生きる為には何をどう変えていけば良いのだろう？その問いに対して、私達から問題解決のご提案が出来ればと思います。皆様に実際に取り組んでいただくワーク等もご用意してあるので、是非一緒にやってみて下さい。

この本を通して皆様の思考変容と行動変容のフォローをして参ります。

目次

「選択」が人生を形作る

水野展壽

自己紹介

初めまして。自己紹介させていただきます。私は水野　展壽《のぶひさ》と申します。この本を書いている2024年5月の時点で29歳です。

名古屋市守山区に生まれ育ち、家族と猫のにゃんぽけと毎日仲良く暮らしています。

仕事は、障がい者就労移行支援事業をしているLSC株式会社に勤めております。その中のルクスキャリアセンターと言う所で、障がいを持った方の就職就労を日々サポートさせて頂いております。私は主に認知活動を担当しており勤続5年。地域の皆様に弊社からのお便りをお届けしています。

家族とも友人とも職場の人とも、人間関係は良好で毎日幸せです。では以前から幸せだったかというと実はそうでもありません。私はかつて、強い思い込みやこだわりの強さで苦しんだ時代があります。

私は幼いころ、父親から精神的な虐待を受けていました。自分が直接殴られることはありませんでしたが、家族が虐待される瞬間を目の当たりにして、「俺は父に復讐するために生まれたんだ」そう思い込むようになりました。

私が小学生になる頃から私はクラスメイトから「変わってる、変な奴」とからかわれていました。こだわりが強く、落ち着きがなく、空を見上げると雲の模様に何か法則性はないか?と気になったり、人と会話が合わない子どもでした。

クラスの人気者を見る度に、羨ましくて心の中は比較と嫉妬ばかり「俺も力があれば良かったのに」「力さえあれば、人気者になって愛されるのに……」そう思い込むようになりました。母と父は離婚し別の道を歩むことになったものの、私自身、大人になっていくにつれて父のように「力」に固執していくようになっていきました。

人から愛される為には、人と仲良くいる為には、「力」を示さなければならない。そんな思い込みに囚われていくようになりました。その思い込みは恋愛にも強く影響を及ぼしました。「相手よりも能力が高くなければ、賢くなければ愛されない」。私は、そうでなければ恋愛は成立しないと思い込んでいました。自分自身の価値を上げる為、力を証明する為に必死になっていました。

ある日こんなことがありました。パートナーとラーメンを食べに行ったとき、出てきたラーメンの麺の縮れ方が何故か気になる……。パートナーの話も全く頭に入って来ません。そんなことを繰り返すうちに「ノブって何か違うよね。私達って友達の方が良いよね」と別れを告げられてしまいました。

そんなこんなで私は、コミュニケーションが苦手でこの年齢までに婚約破棄された回数がなんと4回。大変不名誉な記録を樹立してしまいました。

そして久しぶりにあった父からは「お前は若いころの俺にそっくりだ」と言われ、正直、終わった……

と思いました。「ふざけるな、あんな奴に似たら終わりだ……もう死ぬしかない」。そう思い込んでしまいました。

そのころから私は、自分の姿を鏡で見る事が出来なくなりました。鏡を見る度に自殺衝動がするようになったのです。自分のことが醜い物体、醜い悪魔に見えるようになっていったのです。正直不幸でした。息をするのも辛かった頃、同僚に勧められメンタルクリニックに行くことにしました。そこで診断されたのが発達障害でした。私には〝思い込みが強くこだわりが強い〟と言う特性があるのだとわかりました。一言で言うならば私には人と上手くやり取りが出来ない〝コミュニケーション障害〟があるということを知りました。

私は不幸感に苛まれ、もう死ぬしかないと思っていましたが、私は様々な情報に触れ、様々な体験を通し「幸せは自分で選択できる」と知り変わることが出来ました。

本書では私がどう変われたか、そしてどのように幸せを選択していくかをお話していきます。

―幸せは技術で創れる―

私が変わることが出来た選択理論心理学と目標達成の技術と自分で考えた技術や考え方をご紹介していきます。

選択理論の章

選択理論心理学

私の考え方のベースとなっている心理学をご紹介いたします。それは選択理論心理学です。選択理論心理学とは、アメリカの精神科医故ウィリアム・グラッサー博士により提唱された、脳の働きから人間の行動のメカニズムを紐解いた心理学です。人は何故、どのように行動するのか?自らの行動を選択出来るのは自分だけなのです。

それはどういうことか。まずは従来の心理学で人間の行動はどう説明されていたのか、というところからお話したいと思います。従来の心理学は、外的コントロール心理学と呼ばれます。外的コントロールというのは「人を外からの刺激で変えることができる」という考え方です。

私は人を変えられる。私は正しくあなたは間違っている。自分の正しさを押し付けてしまうというのも外的コントロールの考え方です。

それに対して、選択理論では内的コントロールという考え方をするということを学びました。内的コントロールは「脳の外側のことはすべてただの情報である」という考え方です。人は自らの選択でのみ自分を変えることが出来る。人が変えることができるのは、その人自身のみ。過去と他人は変えられない、変えられるのは自分と未来だけと、選択理論は教えてくれます。

選択理論心理学の学びの本質を私の言葉で端的に紹介すると

・セルフコントロールに特化した技術である
・人間関係を良好にする考え方と技術そのものである

私はそのように捉えております。

人間関係を良好にするために、先ほどご紹介した「外的コントロール」と「内的コントロール」の概念を理解する事が大切になってきます。その二つを、先ずは深堀してみたいと思います。

外的コントロール

外的コントロールの考え方とは「人の行動は、外部からの刺激に反応することで起こる」と言う考え方です。「電話が鳴ったから電話を取る」「雨が降ったから落ち込む」これらは外的コントロールの考え方です。

例えばこれらも外的コントロールの考え方に当てはまります。

・人を自分の思い通りに変えることが出来るという考え方
・他人に物事を強制すること

・私は他人や何か外からの刺激によって変えられてしまう

外的コントロールの考え方とは、「人を外からの刺激で変えることが出来る」という考え方や「自分の正しさを無理矢理押し付ける」ことだとイメージしてもらえればと思います。

私は対人関係でよく揉めたり仲が悪くなったりすることが過去にありました。そして何故4回も婚約破棄をされたのか？理由はこの外的コントロールでした。自分のこだわりを意図せず押しつけていたり相手を傷付けていることに気がついたのです。

私は恋愛で別れたいと思う人の気持ちを理解することが出来なかったんです。だから私はずっとフラれる側でした。それには理由がありました。

大前提、相手のことが大好きなので「別れる」と言う選択肢が私にはありません。別れたいと思う＝その程度の覚悟と言う証拠＝直面している困難を乗り越えず諦めること＝私たちはそんなことで諦められる程度の関係性だったということ、そのように解釈を選択していたのでとても寂しい気持ちになりました。

「別れは敗北」「別れとは大切な人を護れなかった敗者の烙印」「別れることは悪である」それらは自分の曲げられなかった思い込みやこだわり、解釈であり、もっと言うと自分の正しさでした。

「何か問題が起きたとき、別れるって選択肢が出てくるんだね？その程度の想いだったのか？なるほどね。お前の愛や覚悟って所詮はその程度だったのね……覚悟が足りないな。お前と違って、俺は何があっても諦めないけどね」。そうやって自分の考えや正しさを押し付け別れ話の度に相手を批判し責めていました。

その正しさを押し付けることが自分の外的コントロールであり改善がいるポイントだと、学びを続けたおかげで気付くことが出来ました。今は「私は正しい、あなたは間違っている」と言う外的コントロールの考え方を選択しないよう意識をするようにしています。

内的コントロール

内的コントロールの考え方とは簡単にいうと「人を外からの刺激で変える事が出来る」という外的コントロールの考え方とは違い「脳の外側の事はすべて情報である」と考えます。

例えば、「電話が鳴ったとき、電話を取る事を選択したから電話を取った」「雨が降ったとき憂鬱になるのは、自分が憂鬱になるという解釈を選択しているから」。これらの例は、電話や雨が後に繋がる行動や感情の直接的な原因ではなく、「雨」や「電話が鳴っている」と言う〝情報〟に接して、その感情や行動を「自分で選択している」と考えるのです。

対人関係でも同じことが言えます。例えば、私が友人にお願いごとをしたとします。その友人がお願いごとを聞いてくれたとして、それは「私がお願いごとをしたから友人は動いてくれた」のではなく、内的コントロールの考え方では「私のお願いごとの内容を聞いて、友人は自分自身の選択で動いてくれた」ことになります。

内的コントロールの考え方では

——・**他人を思い通りに変えることは出来ない**

・人が変えられるのは自分自身のみ

過去と他人は変えられないが、自分と未来は変えられる。選択理論からそのように学びました。先ほどの友人の例え話のように、人は外からの刺激で行動が変わるのではなく、自らの意志でそのときの最善の行動を選択している、というのが選択理論の考え方です。私たちが他人に出来るのは情報提供のみ。情報提供をして、提案をする事でその情報を元に「相手の意志」で相手が変わりたいと思えば、相手は変わるという選択が出来る。相手が変わりたくないと思えば、相手は変わらないという選択が出来る。あくまでも「相手の願望と選択」を尊重する。それが内的コントロールであると私は理解しています。

もう一度おさらいをすると

・私たちに出来るのは情報の提供である
・相手を直接変えることは出来ない
・脳の外側のことはすべて単なる情報である
・行動の選択が出来るのは本人のみ
・過去と他人は変えられないが自分と未来は変えられる

だからこそ相手を変えようとせずまず自分を変えるのです。相手にどうしても伝えたいことがあるのならば、どのような伝え方ならば相手に伝わるのかを考えなければなりません。どうしたら「相手が自発的に変わりたいと思うか」そして「もし変わらなくとも相手の選択を尊重する」そこに注力致しましょう。私は内的コントロールの概念を学んでから、相手が気持ちよく受け取れるメッセージとは一体なんだろうって、より深く考えるようになりました。

外的コントロールで「俺が正しい」「俺が変えてやる」と思っていたときは言葉は届かず、一方通行の独りよがりなコミュニケーションでした。今は相手の価値観や世界を大切にすることで、人と揉めたりすることは圧倒的に減りました。人間関係面は過去一番で今が最高です。相手の価値観を大切にして、自分の正しさを押しつけない、そんなコミュニケーションを心掛けていきたいです。

良好な人間関係は選択理論の技術で創れます。その為に是非覚えておきたいのが、次の5つの基本的欲求です。

5つの基本的欲求

選択理論心理学には、5つの基本的欲求というものが存在します。人は生まれながらに5つの基本的欲求というものが遺伝子に組み込まれており、生涯変わることがないとされています。

・〈生存の欲求〉食欲、睡眠欲、性欲
・〈愛・所属の欲求〉
人を愛したい欲求、
人から愛されたい欲求、
誰かと一緒にいたいという欲求
・〈力の欲求〉競争に勝ちたい、貢献したい、
承認されたい、達成したいという欲求
・〈自由の欲求〉精神的解放、選択の自由、
蓄財、拘りを貫きたいという欲求

5つの基本的欲求

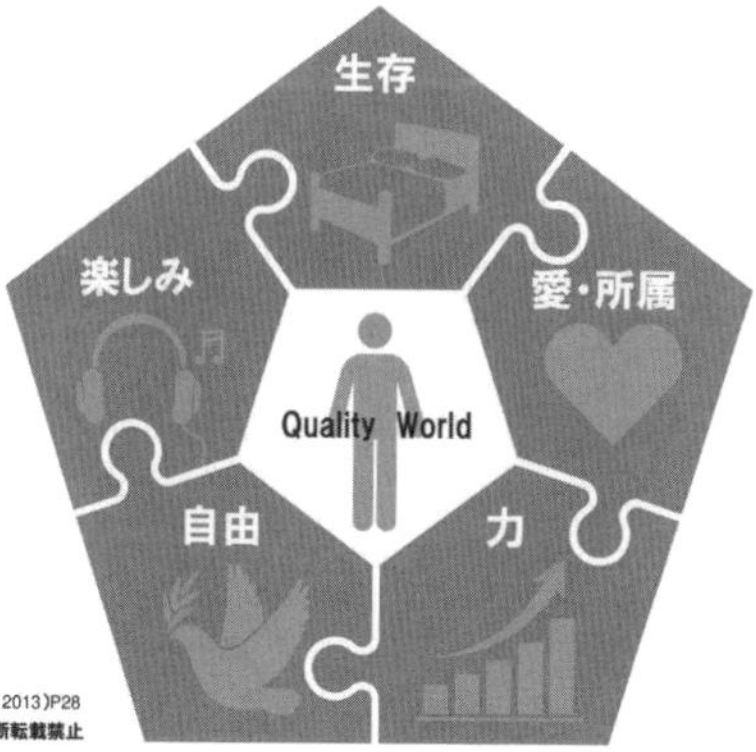

参考：一般社団法人　日本ビジネス選択理論能力検定協会
『ビジネス選択理論能力検定3級公式テキスト』（アチーブメント出版、2013）P28

・〈楽しみの欲求〉趣味、教養、ユーモア、創造性、成長したい、学習したいという欲求

以上の5つの欲求が存在しています。人はそれぞれ5つの基本的欲求を持っていて、その欲求の大小も人それぞれです。選択理論では5つの基本的欲求が満たされている状態のことを幸せと定義しています。これらの欲求の満たし方は人によって違います。人と違っても間違いではないのです。この欲求の違いと、満たし方の違いで人との諍いや争いが起こるのだと学びました。

例を挙げると私は生存の欲求の特に〈睡眠〉と〈食事〉が強いので寝ることと食べることに重きを置いています（笑）。逆にあまり寝ないでも大丈夫な方で、更に食事に無頓着な方と私は真逆の欲求なので、欲求の満たし方は違います。それでも間違いではないのです。

とはいえ〈生活が合うか合わないか〉でいうと、もしかしたら合わないかも知れません。単なるライフスタイルの差だと思います。それを認め合い、歩み寄りが出来れば〈一緒に幸せに生きること〉だって出来ます。

私が過去に苦しんでいたことも5つの基本的欲求で説明が付きます。過去に私が受けていた精神的な虐待は、私の生存の欲求と愛・所属の欲求を阻害していたから。恋愛面で上手くいかなかったのは相手との違いを認め合えず、相手の欲求充足を阻害し、自分の欲求を押し付けていたからです。

もし今身近な方との人間関係で悩むことがあるなら、一度5つの基本的欲求を考えてみても良いかもしれません。相手は何の欲求が強く、何が満たされていないのでしょうか?その為に今何が出来るでしょうか?

お互いの欲求の大小と満たし方に気を配り、もっと言うと価値観の違いを交渉し合えば互いに幸せに生きていけるのだと選択理論心理学は示してくれています。ではどうしたら相手の価値観を大切に出来るのか?その為に覚えておきたいのが、次の上質世界です。

上質世界

上質世界とは5つの基本的欲求の一つ以上を満たすイメージ写真のようなものが脳の中にアルバムのように張られている場所があり、その場所のことを上質世界と呼びます。上質世界には私たちが共にいたい人や手に入れたいものや経験したいことの他に、私たちの行動の多くを支配している信条や考え方も含まれます。

わかりやすく言うならば、自分の大切にしたい価値観や哲学、自分の好きな人や好きなもののことです。

例えば私なら「家族や友人と過ごす時間」や「料理」が上質世界に入っています。特に「料理」は私の生存の欲求の食事に関する欲求を満たしてくれるからです（笑）。でも私の場合「料理」で満たされるのは生存の欲求だけじゃないんです！料理をすると食べるので生存の欲求が満たされます。人と食事すると愛・所属の欲求も満たされます。

料理を作って「美味しい」って言われると力の欲求の承認が満たされます。何を作ろうか自由に選んでいるとき思い通りに出来るので自由の欲求が満たされます。料理そのものが趣味で楽しいので楽しみの欲求が満たされます。だから私の上質世界のド真ん中に常に料理があります。

「料理」は私の5つの欲求すべてを満たしてくれるので料理が大好きです。

ですが上質世界には、自分にとっては気分が良いけれど健全ではないものも含まれるのです。例えば犯罪行為、過度な飲酒、違法なドラッグなど……。

かつて私は上質世界に「父への復讐」が入っていました。何故ならば私の父は、母と兄弟を虐待していたからです。何故なら私の上質世界には「母の幸せ」や「母の笑顔」が入っているのでそれを脅かす父の事が許せなかったのです。復讐を遂げることで「母の幸せ」を満たそうとしていました。

このように人は上質世界にあるものを否定したり、阻害したり脅かす存在を嫌いになり、逆に上質世界にあるものに理解を示す人を好きになるのだと私は学びました。

7つの致命的習慣と思いやりを示す7つの習慣

こちらの表は、2つの対照的な人との関わり方を示しています。左側が外的コントロールの理論で、批判する、責める、文句を言う、ガミガミ言う、脅す、罰する、自分の思い通りにしようとして褒美で釣るなど。右側が内的コントロールの理論で、傾聴する、支援する、励ます、尊敬する、信頼する、受容する、意見の違いについて常に交渉するなど。

皆さん人から関わられるとしたら、左側の関わり方か、それとも右側の関わり方か、どちらが良いでしょう？

例えば、左側で考えてみましょう。

今、私の目の前にAさんがいるとして、私はAさんと仲良くなりたいとします。そんなAさんのいう事を批判し、うまくいかなかったことを責めたり罰したり、「次こそ成功させないとどうなるかわ

7つの致命的習慣と思いやりを示す7つの習慣

人間関係破壊の原則	人間関係構築の原則
7つの致命的習慣 （力の原理）外的コントロール理論	思いやりを示す7つの習慣 （愛の原理）内的コントロール理論
□1. 批判する	□1. 傾聴する
□2. 責める	□2. 支援する
□3. 文句を言う	□3. 励ます
□4. ガミガミ言う	□4. 尊敬する
□5. 脅す	□5. 信頼する
□6. 罰する	□6. 受容する
□7. 自分の思い通りにしようとして褒美で釣る	□7. 意見の違いについて常に交渉する

参考：一般社団法人 日本ビジネス選択理論能力検定協会『ビジネス選択理論能力検定3級公式テキスト』（アチーブメント出版、2013）P25

かってるだろうな」と脅す……。これで私はAさんと仲良くなれるでしょうか？難しそうですね……。

多くの方が、右の関わり方が良いかと思います。私も右側が良いです。傾聴したり支援したり励ましたりっていう関わり方の方が、皆さんも嬉しいと思います。

それなのに、私は自信の無さを隠すため力を誇示するために進んで左側を選んでいたのです。だから過去は人間関係がうまくいかなかったのです。自分の正しさを押し付けて、常に被害者。虐待されたから、発達障害だから、こんな卑屈になってしまうのはしょうがない。そうやって自分に言い訳をして、結果得られたのは人間関係の不和でした。

ですがこれからは内的コントロールの関わりで生きていくと決めたんです。

傾聴し尊敬する在り方を貫くと決めました。内的コントロールの関わりを続けたある日、私は母から「いい息子だよ」と言われました。すごく嬉しかったのを覚えています。

本当にいい息子だとしたら……。今の父を怨んだ状態で本当に良いのか？自問自答を繰り返しました。自問自答の末に、父に電話をしました。人生で初めて父と向き合うことにしたのです。

私は父の話を傾聴することにしました。すると父は「お前の事は生まれたときから可愛く思っている」「多感な時期にあんなことをして申し訳なく思っている」と謝ってきたのです。そのとき、私は思いました。「私と同じだ……。」4回も婚約破棄をされた私。愛しているのに上手く愛することが出来ない私。

父もこの選択理論の情報や経験がなく、不幸感に苛まれ、他の方法を知らなくて、愛したいけれど愛する方法がわからなくて結果的に虐待に繋がってしまったのだと…そう気がつきました。私はそれを知り、今までの父がしてきたことを〝赦すこと〟に決めました。その瞬間私は、私自身の過去や怨みの記憶すべてを赦すことが出来たように感じました。実は父はがんを患っており、それほど長くはないと知りました。私は今まで彼の息子だと思ったことはありませんでしたが、初めて〝息子として〟少しでも彼の傍にいることを決めました。

内的コントロールの関りを続けたからこそ、私は父から「申し訳なく思っている」から「良い息子だよ」という言葉をもらえたのです。今まで怨んでいた過去の記憶や出来事が完了しました。もう今は過去を怨んでいません。その経験が私の選択理論を普及したいという思いの根源となっています。

かつての私のように、過去の犠牲者になる人の心を解放するお手伝いがしたい。今はそれが私の願望です。

私は今、大切なものを大切にする生き方を選択していくと決めました。その為に自分をコントロールする必要があります。そこで必要になってくるのが全行動です。

全行動

選択理論では人間の行動は全行動と言う概念で説明ができます。

私たちは欲求を満たす為に行動しています。

車で例えると、5つの基本的欲求がエンジンとなり願望を満たす未来に向かって、人間はそのときの最善だと思われる行動を取っています。何度も繰り返すようですが選択理論では過去と他人は変えられず、変えられるのは自分と未来のみ。より詳細に述べるならば、変えられるのは自分の思考と行為のみ。

人間の行動を分類すると

・「思考」 考える 想像する 思うこと
・「行為」 歩く 話す 食べる
・「感情」 喜怒哀楽
・「生理反応」 あくび 発汗 臓器の動き等

の4つに分けることが出来ます。

人間の行動はこれらの4つの要素が絡み合って発生している現象のようなものだと私は捉えています。

直接コントロール可能なものは「思考」と「行為」のみ。直接コントロールできないもの、若しくはコントロールしづらいものが「感情」と「生理反応」となります。そしてコントロール不可能なものがあります。それは「過去」と「他人」です。

私たちはしばしば直接コントロールしづらい「感情」と「生理反応」そしてコントロール不可能な「過去」と「他人」にフォーカスする事で逆に苦しくなってしまうことがあります。

例えば、私は以前パニックの発作が起きたことがあります。そのときもそうだったのですがパニックの発作という生理反応にフォーカスしてしまうとよりしんどくなって辛くなってしまいます。

怖いという感情にフォーカスしても何も事態は好転しません。発作が起きてしまったという過去も変えることが出来ません。そして他人はその場にはおらず自分一人しかそのときは居ませんでした。そしてもし他人がいたとしてもパニックの発作はどうすることも出来ません。

人がコントロール出来るのは自分の思考と行為のみ。そこで私は楽になるような考え方をしたり楽になる行為や行動をする等、「自分の思考と行為」にフォーカスする事でそのときの最善の行動を選択出来るようになりました。

思考と行為にフォーカスすることが習慣になりそのおかげでパニックの発作は今ではもう起こることはありません。パニックの発作時、具体的に私が何をしたのかは後ほどお話致します。

苦しいときも楽しいときもどんなときもコントロール可能なものは自分の思考と行為のみ。私は特に「他人」や「過去」に意識のベクトルを向けないように心掛けています。「感情」や「生理反応」や「他人」に振り回されそうなときは自分の「思考」と「行為」にフォーカスしコントロール可能なものに全神経を集中させるということを思い出してみてください。

車で例えるとよりわかりやすいかもしれません。図のように「前輪」が思考と行為で「後輪」が感情と生理反応だとすると、私達は「後輪」にフォーカスしてしまいスリップすることが度々起こります。

コントロールしやすい「前輪」にフォーカスすることを常に意識することがより良い人生を送る為のコツだと私は学びました。

人の行動のメカニズム「全行動」

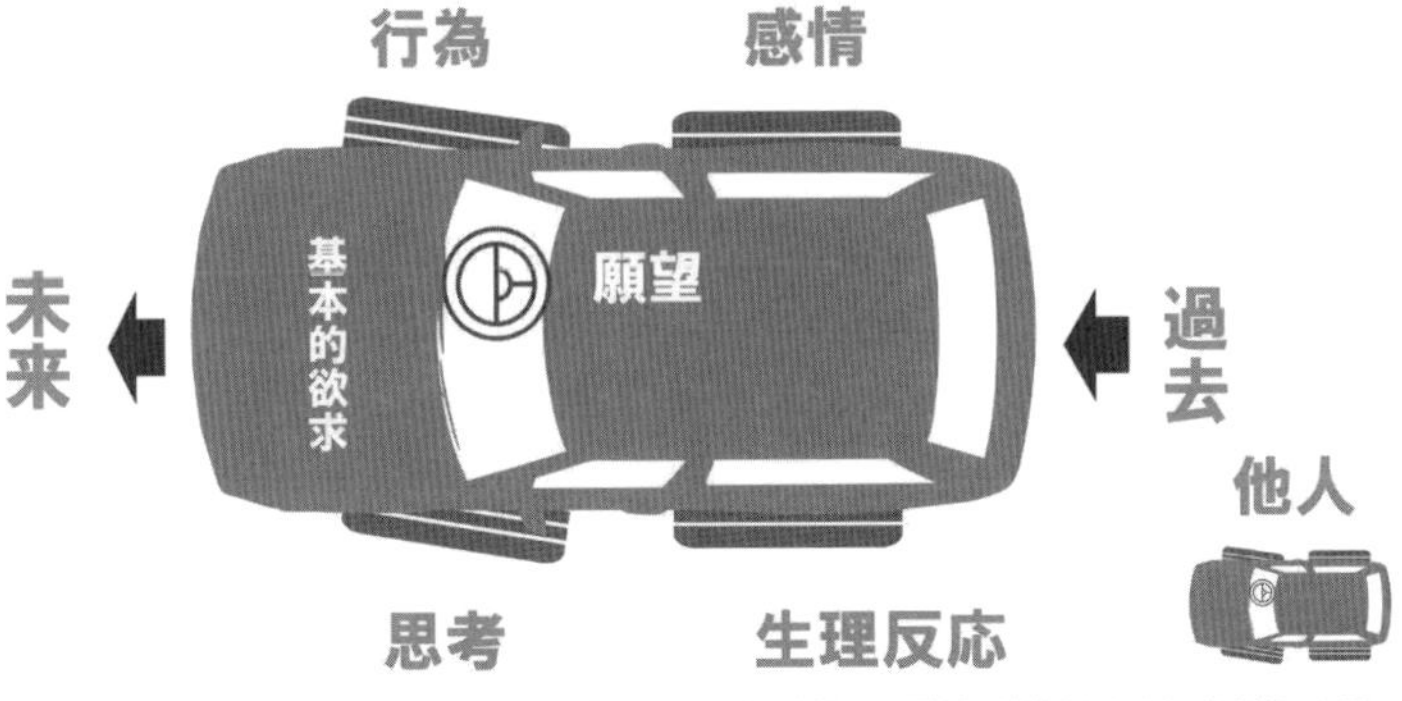

参考：一般社団法人　日本ビジネス選択理論能力検定協会『ビジネス選択理論能力検定3級公式テキスト』(アチーブメント出版、2013)P41

目標達成の技術の章

事実と解釈

私はとある研修で目標達成の技術を学び、その中で「事実は一つ、解釈は無数」と言う言葉を教わりました。

例えば、半分だけ水の入ったペットボトルが目の前にあったとします。その水を「半分もある」と肯定的に捉えると肯定的な現実が生まれ、「半分しかない」と否定的に捉えると否定的な現実が生まれます。

このように目の前に〈水が半分だけ入ったペットボトルがある〉という一つの事実に対して、今例を挙げただけで2種類の解釈が存在しています。

私達の人生でも同じことがいえます。〈脳の外側のことはすべて情報〉であり、その情報に対する解釈で私達の現実が創られるのです。＝事実に対する解釈で「幸福」にもなるし「不幸」にもなる、ということになります。

事実と解釈

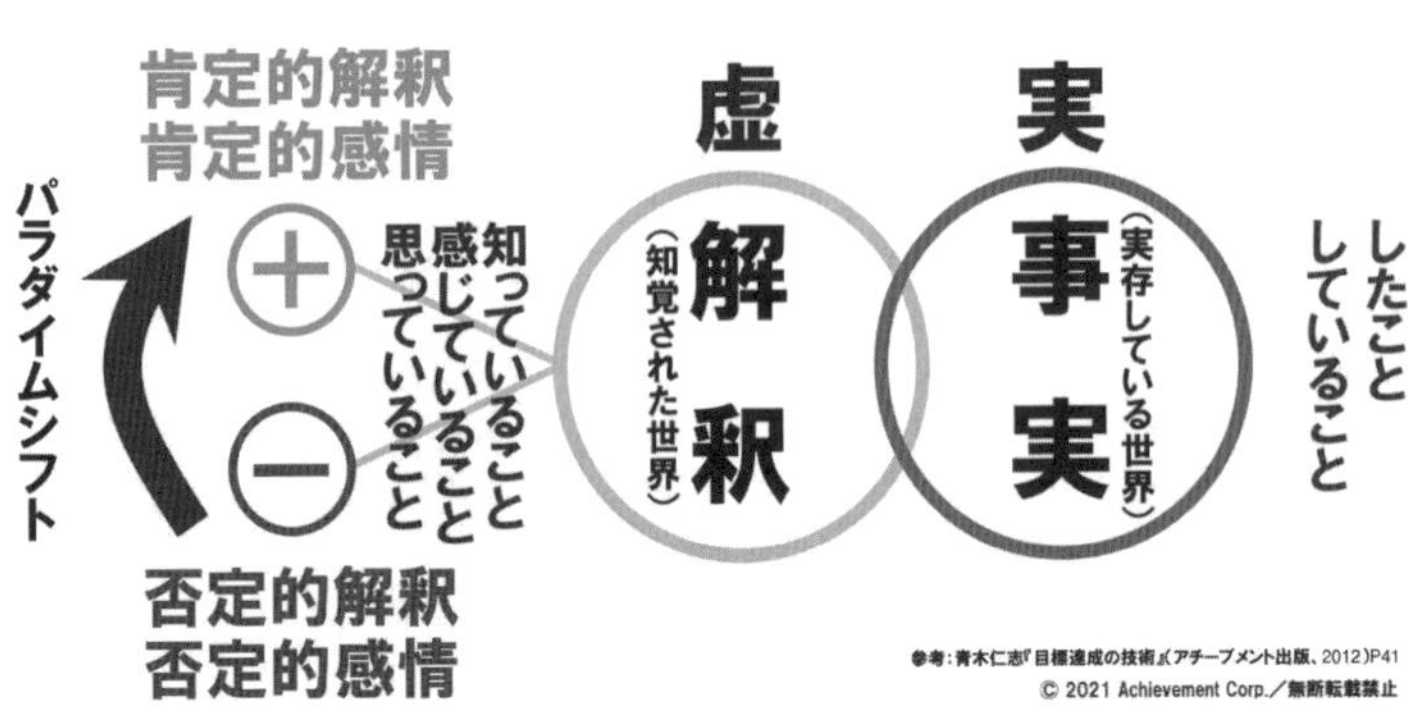

参考：青木仁志『目標達成の技術』（アチーブメント出版、2012）P41

私達は自分以外の誰かや何かを直接コントロールする事は出来ません。それなのに私達はコントロールしようとしてしまい、不幸になります。

不幸なのは誰かや何かを「責めているとき」。幸せなのは現状に「納得しているとき」。そう私は思っています。もし今不幸なら、あなたは何かを責めていて、何かに納得がいかないのかも知れません。

ですが、ただ闇雲にポジティブになろうとしても私には難しかったです。

でも逆にネガティブを反転させ、力に変えることの方が私は得意でした。

あくまで私見なのですが、〝ネガティブな物をポジティブに変える思考〟は単純なポジティブ思考よりもずっと価値があるものだと思っています。

私は根が暗かったから不安要素に目が行きがちな性格でしたが、だからこそ思考を反転させたとき、あらゆる可能性を察知出来るようになれました。ポジティブなだけだとポジティブな要素しか見ることは叶いませんが、ネガティブを活かすと、危機回避やリスクヘッジを取ることも出来ます。

是非ネガティブな自分自身を積極的に肯定していく姿勢を保ってみる、と言う試みをやってみて下さい。お勧め致します。すると元々ネガティブ思考な人程、より多種多様な可能性や側面に気が付けるようになるので、その瞬間〈欠点が個性に変わる〉のです。解釈や考え方が変わると現実が変わる。私はそれを体験しました。

ではどのように解釈や考え方を変えていくのか？その為に効果的な思考のフレームワークがこちらアチーブメントピラミッドです。

アチーブメントピラミッド®

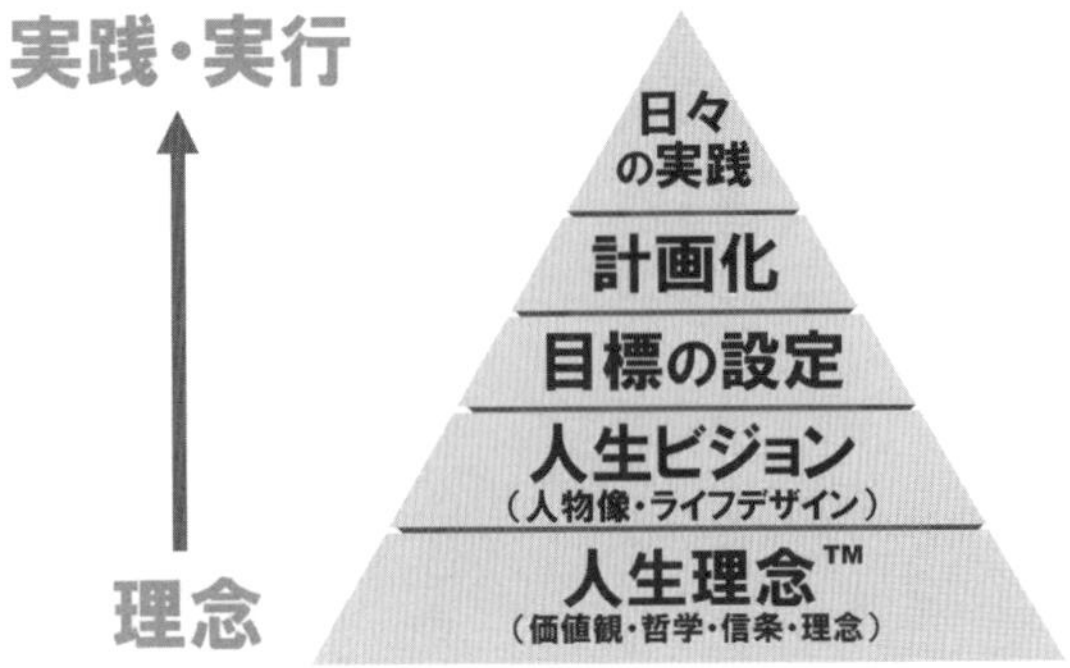

参考：青木仁志『超一流の書く習慣』（アチーブメント出版、2019）P105

アチーブメントピラミッド

目標達成の技術の中に「アチーブメントピラミッド」というものがあります。アチーブメントピラミッドとは、自分の大切にしている価値観、哲学、信条、理念を人生理念として土台に置きます。その上に将来なりたい人物像やライフデザインを人生ビジョンとして置きます。この二つで「人生の目的」と言います。

「人生の目的」を土台に置きその上に目標の設定、計画化、日々の実践に繋げます。土台から、下から上に突き上げるように〝一貫性〟を通す事こそ、目的を遂げる生き方。即ち大切なものを大切にする生き方なのだと学びました。

私は以前、虐待をした父に対する復讐が、人生の目的なのだと思い込んでいました。けれど何にも満たされず苦しいままでした。本当に私が求めているものは何か、私は自分でもわかっていませんでした。私が求めているものは復讐ではなく、本当は別の物でした。それがわかったのはセルフカウンセリングと言う技術を学んだからでした。

セルフカウンセリング

自分に何度もこの問いかけをし、人生の目的と願望を明確にしました。

私が求めていたのは、虐待をした父への復讐だと思っていました。何故復讐がしたかったのかは、それは家族が大切だからでした。家族の幸せを傷つけた父が許せなかったからです。

ですがセルフカウンセリングを繰り返し、私が本当に求めているのは「復讐」ではなく「家族の幸せ」と「恩返し」だとわかりました。「家族の幸せ」を求めているとしたら、だとしたら〝その為に今何をしているのか?〟を自問自答すると、過去や誰かや何かのせいにしている自分に気がついたのです。「自分が卑屈になってしまうのは虐待や障がいのせいだ」と思っていたのです。そして〝その行動は私の求め

セルフカウンセリング

1. 私は何を求めているのか？
   私にとって一番大切なものは何か？
   私が本当に求めているものは?
2. その為に「今」何をしているのか?
3. その行動は私の求めているものを
   手に入れるのに効果的か？
4. もっと良い方法を考え出し、
   実行してみよう

参考：青木仁志『目標達成の技術』（アチーブメント出版、2012） P109

ているものを手にいれるのに効果的か?〃また自分に問いかけました。すると効果的ではないということがわかっていったので、少しずつ誰かや何かのせいにするのをやめていくことを決めました。〃もっと良い方法を考え出し実行してみよう〃その問いかけで私は選択理論をさらに学び、リフレーミングという物事を多面的に視る思考を身につけて、復讐という選択ではなく恩返しをする選択を出来るようになる事で、現実をより良く変えていくと決め切ることが出来ました。

セルフカウンセリングを繰り返して私は、私の人生理念を明確にする事が出来ました。

私の人生理念は「愛・感謝・繋ぐ」頂いた愛に常に感謝をして次の世代に繋ぐこと。それが私の人生理念です。

かつて私は愛と力を求めていました。愛されなければ価値がない。力が無ければ認められない。そう思って生きていました。母や周りの人が愛をくれたり、認めてくれているのに、常に足りない物や無いものばかりにフォーカスして、日々悔しい想いで生きていました。

けれど今は、〃人は真の人生の目的に出会えたならば人はいつからでもどこからでも良くなれる〃それを証明する為に生きると決めました。

そんな私の人生ビジョンは「障がいも魅力に」社会に蔓延る障がいに対する否定的な解釈を、肯定的な解釈に変換していきます。この生き方を貫きます。

今、前よりも人生を楽しく幸せに生きることが出来るのも、このセルフカウンセリングと言う技術に出会ったからなのです。人生の目的と、そしてそれを明確にする技術のおかげで、私は家族の未来と恩返しの為に生きられるようになりました。それに伴いマイナス思考だった自分の考え方も、少しずつプラス思考に変えていくことが出来ました。

私がみつけた現実を変える発想の転換の章

現実を変える為に解釈を変える

私が発達障害を診断されたのは2020年のことでした。生まれたときから人と違う事には気が付いていました。誰にでも敬語を使ったり、落ち着きがなかったり、特定の音に過敏に反応したりと思い当たる節は沢山ありました。同じ個性を持つ方のお役に立つと思うので、私の個性を開示します。

※人により特性は異なります、あくまで私個人の症例を列挙します。

〈ADHD〉落ち着きがなく、走り回ったり動き回ったり、頭の中が常に思考で埋め尽くされる状態。

〈アスペルガー症候群〉特定の物に異常に拘ったり、固執したり、自分のルールが曲げられない。また、興味があるものに対しては並々ならぬ集中を注ぐことが出来る。

〈軽度サヴァン症候群〉能力に凹凸が有り、ある特定の領域には強い適正、能力を示す。

〈醜形恐怖症〉自分の容姿が酷く醜く思えてしまい、ときには命を絶つ事すら考えてしまう。


これらの個性が今は自分の武器になってくれています。障がいを個性に昇華させる方法をご紹介とご提案させて頂きます。まず自分自身を愛することが大切になってきます。本当に小さなことの積み重ねで出来るのです。事実に対する解釈を管理できれば道は拓けます。

自分を愛するために

そもそも何故自分を愛せないのでしょうか？それは「自分を愛せない」と言う解釈を選択しているからです。実は世の中には、一見「事実」に見えるのだけれど実はただの「解釈」ということがあるのです。

自分を愛せないというのは事実というよりも「自分を愛せない」という思い込み、解釈がその事実を創りだしてしまっていること。そういう観点で世界を生きてみると「変えられない」と思っていたことが案外、解釈を変えることで「変えていける」という可能性があることに気がつきます。ここで具体例を挙げてみます、実際に自分を愛せなかった頃に障壁となった思考の数々です。

・障がい者であること
・不細工
・特に得意なこともなく能力もないこと
・他人との比較
・お金がない

・他人も自分も信用出来ない
・人に愛されない
・人の意見を聞けないいくらい拘りが強いこと
・俺なんか生きていたって仕方がない
・飽きっぽく何も続かない　等々です。

実はこれらにはある共通点があります。それはただの一つも「事実」ではないということです。実はすべて私が「そのように解釈していた」だけのことでした。もっと言うと私がその解釈を選択していたために、そのような現実を創り出し、あたかもそれが事実のように錯覚してしまっていた。

ということは！違う解釈を選択すれば違う現実になる！ということです。容姿に自信が無いのも、能力に自信が無いのも、お金が無いということすらもすべて解釈を変えてみました。

リフレーミングという物事を多面的に捉える技術があるのですが、私が実際にやってみたリフレーミングを紹介させて下さい。

・無能だったから、何かが出来る人を尊敬出来た

・障がいがあったから、助けてくれる人に感謝出来た
・友人が少ないから、一人一人を家族のように愛せる
・不細工だったから、内面の豊かさを磨けた
・誰かのせいにしてきたから、責任を取る事の本当の意味を知った
・病弱だったから、健康に気を付けて運動もするようになった
・無知だと知っていたから、謙虚でいる事を意識出来るようになった
・貧乏だったから、お金を使わない工夫と楽しみをみつけられた
・人と比較してしまうから、劣等感で苦しむ人の気持ちがわかる
・愛がわからなかったから、愛の有難みと愛の大切さを痛いほど学んだ
・ＡＤＨＤだから、アイデアが沢山湧くし行動力がある
・醜形恐怖症だから、容姿以外の自分の価値を探求出来た
・アスペルガー症候群だから、拘りを持つと強くなれる事を知った
・何も持っていない俺だけど、母に愛されて生まれてきた
・何も持っていない俺だから、一つ一つに感謝出来た
・困難があって良かった、だから有難う

これらのリフレーミング、即ち解釈の肯定的変化を起こしたとき、一番初めは泣きながら文章を書いていたのを今でも覚えています。やってみて思ったことは、なんて多くの思い込みに支配されているのだろう。事実では無いことを事実と思い込んでいたことに衝撃を受けました。「私が障がい者」なのではなくて、「私の思考が障がい者を選択していた」。そこに気が付いたとき、これは同時にチャンスだと感じました。

障がいを個性に昇華する

個性に昇華するためには「私には価値がある」と解釈することです。

私は、まず自分自身が変わることで、障がいを魅力に変えられることを証明しよう。そう考えました。

障がい思考

私は考えてみました、障がいの本質は思考にあるのではないか?と。私は、障がいを発生させる原因となる思考のことを、「障がい思考」と呼んでいます。

所謂ネガティブ思考や「どうせ俺なんて」「どうせ無理に決まってる」この「どうせ」と言う可能性や可能力を奪う思考、それこそが成功の障がいとなる思考=障がい思考。即ち障がいの本質ではないか。

私はそう考えました。だとしたら障がいに対する捉え方を変えれば良いのです。

障がいを強みに変えて魅力に変えるには

自分の持っている個性を「どうせ」ではなく「だからこそ」という言葉で思考を始めると、今までとは違った景色が見えてきます。是非「だからこそ自分には価値がある」と試しに思ってみませんか?次の空白に、是非ご自身に対して肯定的な言葉を書いてみて下さい♪何でも良いのです。リフレーミングでも構いません♡

※例　私は愛が重く深い、だからこそ家族思いなのだ。私は思考が散漫だ、でもだからこそ面白いのだ。

食事・睡眠

食事に関して

私たちが生きる上で食事・睡眠は欠かせません。障がいという個性が有ろうと無かろうと基本システムは人間は同じ。

まず食事ですが、思考と精神状態を正常に保つ為に積極的に野菜を摂取したり、健康サプリを飲んだりしています。鉄分や亜鉛、ビタミン等何かが不足すれば心身に異常をきたします。

常に心身ともに健康でいる為にあらゆる栄養素をバランスよく積極的に摂取して参りましょう。私たちは私たちの生活習慣そのものである。という事を念頭に置くと良いかもしれません。

気持ちよく睡眠を取るには

睡眠って私にとっては一大事なのです（笑）。8時間寝ないと本当にイライラしますし、思考に余裕が無くなり、大切な人も大切に出来なくなってしまうのです。服薬をしたり、お散歩をしたり、ストレスを発散します。

皆さんたまに眠れなくなることはありませんか？そんなときに一番お勧めなのが思考の整理ノート。

ノートを買って、ノートに自分の思った事を何でも良いので書いてみるんです。そのノートの事を「徒然帳」と私は呼んでいます。

徒然帳の使い方～思考のアウトプットで脳内の情報管理を～

以前、悩みすぎて突発性難聴になった事があるのです。つまり考えすぎということです。その際は一度紙に「お腹すいた」でもなんでも良いから書き出し、脳の外に情報を出すということをしています。脳内サーバーが重くなる前に軽量化してみることをお勧めします。試しに思いのたけを綴ってみましょう。

※例　今日は良いことがあった。モヤモヤする事あった。いつか俺も本書きたい。

心の健康

心の健康はとても大切です。精神が不安定では大切なものも大切に出来ません。しかし不安は襲ってくるもの……。以前、不安を感じパニックになった事があります。そのときに実際に行った不安の対処法をご紹介致します。

パニック発作の抑え方

突発性難聴になり、激しい眩暈が何日も何日も私を襲いました。寝ていたときに発症したので、眠る度に「また眩暈が来たらどうしよう」という恐怖に駆られるようになりました。

その恐怖と不安からパニックの発作が起きました。本能的に早期改善しなければ繰り返し起きてしまう類のものだと感じました。

恐怖を克服する為にはどうしたら良いかアドリブで考えた結果、発症から20時間以内に恐怖を克服し、改善できたので私がそのとき行った事を書き出してみます。

思考の三枚おろし

私は常に物事を3ステップで考えるようにしています。今回のケースでは左記のように分解しました。

・パニック発作の起こる構造の理解
・原因の究明
・本質的解決

これはあくまで私の個人的見解ですが今回のパニック発作は、恐怖やストレス等、脳内で処理しきれなかった情報の氾濫により発生したものだと解釈しました。だとすれば絡まった思考を解いてやれば良い。そう思ったのです。

恐怖の克服の3ステップ

私は大切な人を失ったショックから突発性難聴になり、激しい眩暈に襲われ、そしてその恐怖からパニックの発作が起きるようになりました。

私が特に恐れていたのは激しい眩暈に対する恐怖と、そしてパニックの発作を繰り返す事、大切な人を失った喪失感と向き合うことでした。

最初は原因がわからず、ただただ恐怖でした。発作を解決する為にした3ステップ（思考の三枚卸し）をご紹介します。

1・症状そのものに対する恐怖の緩和と受容のアプローチ

パニックの発作は呼吸が浅くなり、尋常ではない恐怖に襲われる。「発作は死ぬ程辛いが、だが決して死にはしない、安心しろ。発作が来ても大丈夫。問題ない。直ぐおさまるのだから」と自分に言い聞かせました。

2・発作を繰り返す事に対する恐怖の緩和と受容のアプローチ

「もし発作が繰り返し起こったとしても大丈夫さ。今日治らなくても明日治せば良いさ」と言う思考を選択しました。

3・本質的な原因となる思考の構造の理解と問題解決のアプローチ

恐怖の根本的原因及び理由の究明。何故パニックになったのか？俺は一体何を恐れているのか？そう自問自答したところ生活環境の変化に対するストレスと激しい眩暈の再発を恐れるあまり起きた現象であると気づいた為、「また眩暈が来ても死なないし、どんなに辛いことがあっても俺は何度でも立ち上がるさ。だから安心していい」と自分に言い聞かせました。

この3ステップを経て、私は平常心を取り戻しパニックの発作から解放されました。恐怖の中で見出したのは〝恐怖から逃げれば恐怖に追われるが恐怖を自ら追えば（向き合えば）恐怖は離れていく〟ということでした。

御覧のように3ステップに分けると単純作業に変化します。

- **状況の把握**
- **目下の問題と課題の解決**
- **本質的な原因の理解と完了**

これは何にでも当てはまります。あらゆる場面で役に立ちます。大体で良いのです。大まかで良いのです。3つのステップに思考を整理する事が大切なのです。何をするかを明確に、シンプルにするのです。それが思考の三枚おろし。

私が今回の件から学んだことは二つの事でした

・「考え方は人をも殺す」

・「完了出来ていない過去は心を縛る」

激しい眩暈に襲われた事実に対して「恐れる事」を選択していた。それ故に今回のパニック発作に繋がってしまった。そもそも恐れるのではなく、肯定的に捉え「良い経験をした、この経験のお陰でもっと自分を大切に出来る」と言う解釈を選択していれば初めからこうはならなかったと思います。肯定的な解釈を選択していれば発作にならなかったかもしれません。

解釈を変えれば現実を変えられる

「転んだとき、ネガティブな体験をプラスに反転させ学習する」と言うのが私の強みです。ここから学びえた教訓は「幸福な現実も選択により創れる」その一点に尽きます。

私は元々根暗と揶揄されるくらい考えが卑屈だったのですが、それはネガティブになる数だけポジティブに思考を反転出来るチャンスがそこにあると気が付きました。大事なことなので何度も言いたいです！ネガティブな方、チャンスです。その思考をクルッと反転させるだけで現実は創れます。

・障がい
・学歴
・家柄
・容姿
・人の評価
・能力
・財産
・人間関係
・健康
・年齢
・他人や理想との比較

どうでしょうか？試しに列挙してみましたが、ご自身の現在の状況、状態をポジティブに捉える練習をしてみましょう。最初は無理やりでも良いのです。是非、余白部分や紙に書き出してみてください。

※例　家族が居てくれることに有難う。容姿も世界で唯一無二、これで良いんだ。お金持ちではないけ

れど毎日生きられることに感謝します。

人間関係

愛すること

人を愛するという感覚が私にはわかりませんでした。恋人が出来てもそれはまるで「契約」のような「制限的な愛」のように感じていて、所謂アガペー「無償の愛」は理解することが出来ずにいます。

だからこそ小さいことに感謝することの大切さと、愛されるにはまず自分から積極的に愛する（相手の嬉しいことをすること）ということが如何に大切なのかを学びました。

もしもあなたが「愛」とは何かわからない私と同じ境遇なら尚更、相手が喜ぶことをしてみてください。

突然ですが質問です。

・あなたの大切な人は誰ですか？

・あなたの大切なものは何ですか？

・何故大切だと思うのですか？

・あなたは誰の為に、何の為に、何故生きていたいと思いますか？

・あなたの人生で成し遂げたい事はありますか？
・あなたにとって愛とは何ですか？

自分のことも、周りの人のことも大切に愛するために私が自分自身に問いかけた質問の数々を列挙しました。私はこれらに自分なりに答えることで「愛」とは何かを自分の中で定義づけすることが出来ました。

私の愛の定義は「あらゆる可能性を探求し続けること」です。

愛の定義から連想したこと

・愛の定義は無限にある
・解釈は人の数だけ存在する
・人はそれぞれ正しさを持っている
・人はそれぞれの正しさを押しつけあっている
・人はそのことを忘れてしまう
・相手に正しさを押し付けることが正しいと思っている

- 無意識のうちに正解、不正解、勝敗、善悪をジャッジしている
- 愛し、愛されるには相手の考えを受け止める器が必要になる
- あなたは別に正しくもないし、別に間違ってもいない
- この世にはただ、物理法則と原理原則が存在するだけ
- そこに私たちの主観が入るだけ
- すべてはただの現象に過ぎない
- 相手の意見をただただ受け止めてみること
- 否定だけでは何も生まれない

最後まで相手の話を聴き、受け止めることの向こうにほんとうの愛（相互理解）があるのかもしれません。

自己肯定感

自分を認めること

自分の事が私は嫌いでした。特に才能もなく、特別な物もなく、生きる目的もなく、頭も良いわけでもなく、すべてが人より劣っている存在。ただそれだけでした。

私は子どもの頃から母が大切で大好きでした。あるときふと思ったのです。母は誰か他の人間と比較して能力や何かを見て私を愛してくれている訳ではない。何故なら私に人より秀でた物は何一つなかったからです。

では何故だろう?ふと母に尋ねました。すると母は「息子だから」と、ただそれだけ。「それだけで良いんだ」と驚愕したのを覚えています。○○だから私は私を好き。と言う理由みたいなものは、もしかしたら必要ないのかも知れません。

ただ毎日が楽しいから、ただ空が綺麗に見えるから、ただゲームが楽しいから生きていたくなる。たったそれだけでも、自分が自分である事を楽しむきっかけになるのかもしれないと最近になってようやく考えられるようになりました。

あなたにも私にも価値は有る。ただ存在している。それだけで誰かや何かに影響を与え、そして与えられている。きっとそれだけで良い。私はそう信じています。

達成感を得て幸福度を上げる為に

私は毎日ポスティングの業務をしています。一枚一枚のチラシに想いを込めてただただ走る。ただそれだけですが、同僚やお客様や色んな方に感謝されることがあるのです。

最近思うのが、何をやるかよりも「誰がどんな想いでやるか」それがめちゃくちゃ大切なことなのかもしれない。正確には「そうであって欲しい」と思います。

ポスティングは社会的にレベルが高く、報酬の高い仕事と言う訳ではないけれど、それでも毎日誇りと達成感、楽しさとやりがいを持って従事しています。

目標の達成も大切ですが、そもそも仕事を楽しむことが出来るのも才能であるとするならば、仕事が楽しい=才能がある=自分には価値がある=達成感がある。そんな解釈を私はしています。そのおかげで最近は自分が前より好きになれました。

もしも皆さんが仕事にやりがいがなかったり楽しくなかったらそれは「如何にその仕事を面白く出来るのかというゲーム」だと思ってみてください。自分なりの喜び、挑戦、タイムアタック、なんでも構いません。楽しむ仕掛けを創るのです。楽しくお仕事出来ると達成感があり、人生における幸福度が上がります。

人生は先ずは自己満足から！と私は思います。自分が満たされているから人を満たすことが出来るし、それが達成感になり、それが幸福度に繋がるという好循環を生むことが出来るのではないでしょうか？

ありとあらゆる可能性を探求してみる

私は人に貢献できる価値ある人になる為に、沢山の可能性を察知し、あらゆる出来事に適応出来る、そんな人材になろうと思いました。しかしながら私は考えることが苦手でした。そんな自分自身の為にある思考法を開発しました。

ダイス思考法

ダイスとはサイコロのことです。物事を立体的に捉え、様々なパターンを考える為の思考法です。一番の強みはパターン数。あらゆる可能性あらゆる状況を想定し、最善の行動を選択する技術です。

先ずは脳内にサイコロをイメージしてみて下さい。6面あります。サイコロの一面一面に左記のイメージを代入し想像してみて下さい。

1　今目の前で起きている現象A（事実のピース）

2　今目の前で起きていない現象B（想像のピース）

3　AとBのメリットや肯定的解釈（肯定的なイメージのピース）

4　AとBのデメリットや否定的解釈（否定的なイメージのピース）
5　AとBが起こるまでの経緯の想像（過去のピース）
6　AとBがこれからどうなるかの想像（未来のピース）

ルービックキューブやジグソーパズルのようにイメージを言語化し、一つ一つをパズルのピースにして捉える。そして様々なことを想像する。立体的に物事を想像するとあらゆる要素があり、あらゆる側面で構成されている事を認識でき、可能性を探求する際に便利です。

美醜に囚われない生き方

皆さんは自分の容姿はお好きですか?私の持っている障がいの一つ〈醜形恐怖症〉は自分の容姿が恐ろしく歪んで見えて、異形で、鏡を見る度に自殺を考えてしまう。と言う症状があります。

父との和解後は、自分を赦せるようになり症状も落ち着きました。辛かったときに症状を安定させた考え方(3ステップ)をご紹介させて頂ければと思います。

1 歪んでいるのは容姿ではなく「解釈」だと認識すること

2 歪みに「誇りを持つ」という解釈を選択すると「個性」になること

3 個性を受け入れる事で初めて唯一無二の「自分」になること

この3つを念頭に置いて生活をしました。そもそも美醜の定義は国により違います、たまたま日本に生きていて日本のメディア、文化等に触れ、凝り固まった「美とはこうである」と言うある種の集団認知に支配されている状態だと思います。

美醜の概念、既存の概念を自ら疑い破壊していく。そんなメンタルを持ってみるという実験をしていました。実験は成功で、「誰かが作った美の基準」に従うことをやめられました。すると本当の意味で自分の足で立つような感覚、自立と自律が出来たような感覚になれたのです。

醜形恐怖症が私に「常識を疑うチャンス」をくれたのです。そう解釈したとき、私の持っているすべての欠点がまるで天からの贈り物になったのです。

皆様の外見も内面も、唯一無二の宝物。あなたがそれを望むなら。

すべては自分の選択

選択理論の話に戻りますが選択理論心理学と言う名の通り、私達は〈脳の外側の情報〉に対する解釈を〝選択〟しているのだと考えています。

もしあなたが今幸福ならば、それはあなたの〝選択〟です。もしあなたが今不幸ならば、それもあなたの〝選択〟です。この考え方に出会ってから、私は自分の人生を自分で〝選択〟することを決めました。

今までは「誰かのせい」「何かのせい」「環境のせい」、ずっと「他責」で生きてきました。ですがこれからは「自責で生きる」と決めました。ここで言う「自責」とは、自分で自分を責めるのではなく、〝自分で自分の選択に責任を持つ〟と言う意味です。

私は障がいを4つ診断されました、しかし障がいが原因で生き辛い訳じゃなかったのです。「障がいのせいで生き辛い」と言う解釈が本当の原因だったのです。それに気が付いたとき僕は、〝その解釈を選択することをやめました〟。

「発達障害を診断されて良かった事は何だろう……。」そこに感謝と学びを見出すという試みを私はしてみることにしました。

何故なら、解釈がネガティブだからネガティブな現実を創るのであれば、解釈をポジティブにすればポジティブな現実を創る事が出来ると私は考えたからです。

その考えが以前紹介したリフレーミングに繋がったのです。結果、思考が拡張され以前より生きやすくなりました。

現実はすべて、自分の選択で変えることが出来るはずです。

ここでちょっと質問♫★

※余白に是非書いてみて下さい

・あなたが一番つらかったことは何でしょうか？

・もしそれを肯定的に解釈したらどうなりますか？

・その出来事はあなたに何を与えてくれましたか？

・あなたが一番大切にしているものは何でしょうか？

・自分の嫌いな所は何でしょうか？

・それをポジティブに言い換えるとどうなりますか？

・あなたが一番感謝している事は何ですか？

・あなたが一番感謝している人は誰ですか？

・あなたが幸せを感じる瞬間はどんなときですか？

・あなたはどんな人生を生きたいですか？

発想の転換　不登校の活かし方

発達障害と不登校という記事を見て、ふと思いました。皆さん不登校って＝悪いこと、そう思われている方が多いかと思われます。

もし不登校を活かす方法があれば皆さんご興味はありますでしょうか？私が学校に毎日通う事が出来なかったとき活用した方法をご紹介します

学校に行けないときは一日中ゲームをしていた

学校に行けなかったときに私は起きてから寝るまでずっとゲームしていたんです。でも、ここからがコツ。「ゲームを通して脳力開発をしていたのです」どういうことかというと、最近の研究ではゲームで脳が鍛えられるということがわかっています。更にどの能力を鍛えているかを考えながらプレイすると効果が上がるとのことなのです。

RPG　↓　共感力（人物に感情移入する為）　読解力（物語を理解する為）

アクション　↓　動作性　判断力　空間認識能力

パズル　↓論理性　記憶力　視覚　空間
レース　↓速度管理能力　戦略性　瞬間判断力
音ゲー　↓音感　音楽能力　敏捷性
シミュレーション　↓法則性　経営力　分析力

等々ソフトによりあらゆる能力（脳力）が開発されます。私はうつ状態で引きこもりのとき、日本語で一度クリアしたソフトを海外から英語版を再度取り寄せてプレイし英語力と語彙力を向上させました。

私が声を大にして伝えたいこと

不登校がダメな訳でもない。ゲームがダメな訳でもない。＝それがダメだと思う思考そのものに問題がある。そのように私は思っています。「不登校もゲームも学びの機会です」それではどのようにお子様と関われば良いのか。その方法をご提案させて頂きます。

《その子の好きな事を親子で一緒に体験し、その体験を学びの機会にする。》もし私が親の立場であるならば、「如何に学習の機会にするか」をフル回転で考えます。お子様が好きなことは、もしかしたら角度を変えてみると非常に重要な学習の機会かもしれません。頭ごなしに否定するよりも、積極的に何故好きなのかを深堀し、どの能力が開発されているかに着目して、多面的な思考で関わることで、教育の可能性やお子様自身の可能性が広がると私は考えます。

ここでちょっとトライ！

私達が一見「ダメだ」と思うことがもしかしたら大切なことかもしれません。一度書き出して多角的に見てみましょう。

・あなたがダメだと思うことは何ですか？

・その理由は何故ですか？

・もしメリットが存在するならば、それは何ですか？

・そのメリットをどのように活かしますか？

※コツは「リフレーミング」です。
膨大な量をいきなり書くより、先ずは3つずつ書き出してみる。
ここでも「思考の三枚おろし」を強く推奨致します。

例えば、私はネガティブ思考です。だとしたらネガティブ思考をどのように活かすのか？

・ネガティブなので不安要素が見える

・慎重に考えることが出来る

―・万が一を考え事前準備が出来る等です

それでは実際に左側に書いてみましょう

人に伝わる文章

私もこの本を書いているときに友人から教わったのですがひらがなも多くするともっと人に伝わると思うよとアドバイスをもらいました。

アスペルガー症候群を持つ私は、文章につい拘りが出てしまって気を抜くと表現が難しくなっていたり漢字が多くなっていたりと、クセが出てしまいます。皆さんも同じような経験はあるかもしれません。是非やってみてください。

私が意識していることをまとめると

- **漢字が多くならないように、ひらがなを多くする**
- **文末を出来るだけひらがなにする**
- **かしこまり過ぎないやわらかい表現をする**

意識が現実を創る

「神は細部に宿る」以前上司に言われたことが有ります。自分の仕事を振り返ると些細なミスも自分の思考が現象化したものであると知りました。

私はとてもネガティブ思考でしたので、常に最悪を想定して考えていました。それが原因でした。常に「こうなったら嫌だ」と言うことほどそれが現実になっていた気がします。だから意識を変えてみることにしました。もしかしたら「上手くいくかもしれない」。もしかしたら「出来るかもしれない」。頭の中で使っている言葉を少しずつポジティブに変換して行きました。でも…だって…どうせ…の3Dを、だとしたら…だからこそ…どうしたら…の3Dに変えました。本当にそれだけなのですが苦手だった分野の目標も3倍の件数をこなすことが出来たのです。

あなたの脳内で使っている言葉はポジティブなものでしょうか?ネガティブなものでしょうか?もしかしたら一度書き出してみて言葉の整理整頓や断捨離をする必要があるかもしれません。何故ならば現実を創るのは意識と言葉だからです。目標達成やゴキゲンでいる為に自分が喜ぶ言葉を一緒に意識して選んで使っていきませんか。

現実を変えることは、目の前の小さな歯車（言葉や意識）を取り換える事だと思います。目の前の些細な事を意識していくときっと望んだ場所に行けると信じています。

自分の責任で生きる

私は大学を中退しています。5年通ったにもかかわらず単位が取れず中退しました。当時は情けなく思ったし、私の人生で大きな劣等感になりました。理由は対人関係です。大学なので何万人と人が居るのですが、当然自分とは合わない人も中にはいました。

体育のバスケットボールの授業で、私がちょっとミスをしたときに「殴るよ?」と言われたことがありました。私はそのような事はあまり言われたことがない人生でしたので、対人恐怖症となり、本当にショックで半年間休学をしました。

今、選択理論的に考えれば「怖い」という解釈を選択して「怖いから学校に行かない」という現実を創りましたが休学以外の選択肢もあったなと思います。

当時は言ったその人を責め、「なんで俺がこんな目にあうんだ」と他人や何かのせいにして生きていました。ですが因果応報、その現実が起きたということは自分にも原因があったという事。それを「俺は悪くない」というスタンスで生きていたのが問題でした。

そのときは本当に親に迷惑をかけました。これを書いている今ちょうどその事を思い出し、改めて謝罪しました。それくらい後悔と申し訳ない気持ちです。母は器が大きいので許してくれました。

金銭的にも迷惑をかけたし、引きこもりになってしまい生活態度も最悪で本当に申し訳ないことをしました。

事実は一つですが、解釈は無数です。その経験があったからこそ私はもっともっと母親に優しくなろうって思いました。その経験のおかげで何事にも感謝しようという思いが溢れました。

だからこそ今決めていることがあります。何事にも感謝をすること。

事実は一つ　解釈は感謝

事実に対して、最初に解釈を決めておくのです。すると何が起きても感謝出来るようになれます。考え方を変えた結果、長くトラウマとなった出来事も、今では頑張る理由の一つになりました。

現実を変えるのは意識や事実に対する捉え方だなって改めて思います。

最近では敢えて苦しかったことを思い出すことで、感謝の気持ちを噛みしめる。そんなことをしています。事実そのものよりも事実に対する解釈が本当に大切な事。心から今、そう思います。

目に映らないけれどそこに在る

4年前、私は入社当時は「目に映るモノ」しか信じられませんでした。なんならすべてを疑ってかかるみたいなスタンスでした。最近になってようやくその思考を突破しました。「目に見えないモノが目に見える現象を創る」ということが、なるほど!って腹落ちしました。

特に「思考」「意識」「在り方」が現実を創るのだと実感しました。不思議な体験がありすぎて、もはや某アニメ〇〇友人帳のような毎日。何かを本気で信じて原理原則に沿っていれば、現実は応えてくれる。思ったことが言葉になり、言葉が行動になり、行動が運命になる。

例えば目標達成のコツはやっぱり「愛」だと感じます。大切な人や信条を大切にする「意識」で生きていると目標も自然と達成出来てきます。

今は何より人間関係が良いっ!!!こんなにも愛に満たされた人生が送れるなんて当時は考えられませんでした。これも思考と行為にフォーカスして常にコントロールできる事にのみ注力するようにした意識の賜物です。自分で決めた通りに生きているとき、そして選択理論に触れているとき本当に幸せなんです。

自分で幸せな現実を積極的に創り出していくために私がやったことを少しシェアさせていただくと次の

ようなことをしました。

・**小さな感謝を伝える**
・**小さな感謝に気づく**
・**小さな幸せを人とシェアする**

感謝を習慣にすると世界が変わりました。小さな感謝って、母に毎日のご飯をありがとうとか同僚に毎朝、笑顔で挨拶してくれてありがとうとか、伝えれば伝えるほどに感謝の感度が上がるんです。気付くから伝えられるのではなくて伝えると決めたから小さな感謝に気付ける。その事実に気が付きました。

時間とお金の使い方

時間は有限です。何故なら生命には制限時間があるからお金も有限です。何故なら生命の時間の使い方=お金だから、時間とお金の使い方には「どう生きるか」「どう在るか」それらがダイレクトに現れると思います。

私は時間とお金の使い方に明確な判断軸を持っています。

1　愛する家族が喜ぶ事
2　プライドや見栄にお金を使わないこと

そのたった2つだけ。

本当に自分が何を求めているか明確にしたことでこの考えに至りました。私が本当に求めているものは家族と家族の幸せです。私は栄養のある食事にお金を掛けるのですが、その本質は自分と大切な人を大切にする為なのです。以前はプライドや見栄にお金をかけていました。他人からどうみられるか？如何に自分に価値があるかを誇示する為にお金と時間を使っていました。ですがそれは、本当の意味で幸せにはなれませんでした。

本当に大切にしたいものってなんだろう……。本当に命を使ってしたい事って何なのか……。自分に何度も問いかけました。私にとって一番大切なものは何か？またセルフカウンセリングしました。

それらが明確になってくると障がいがあるだとか無いだとか、人との比較だとか能力の有無だとかどうだって良くなりました。今では前よりも家族に時間とお金を使うことが出来て幸せを感じる瞬間が増えました。

大切なモノを大切にする人生。そんな人生を送るために大事なのが「時間（生命）の使い方」「お金（生命の時間の対価）の使い方」を見直すことだと思います。

人生は選択の連続。そして解釈の産物
笑って生きるのか泣いて生きるのか
失って生きるのか得て生きるのか
憎しみに生きるのか愛に生きるのか

皆様はどんな人生を選択されますか。私たちは私たちの人生を選択している。目の前の現象は誰のせいでもない。

人の力を借りること

皆さんの中にこんな前提はありませんか？

・人の力を借りることは甘えだ
・人に弱みをみせられない
・自分一人でなんとかしなきゃいけない

お気持ちめちゃめちゃわかります。ところで「何故それを成し遂げたいのか」理由は明確でしょうか。もしもその頑張る理由や成し遂げたい理由が明確で「本気」ならば是非、勇気を持って一歩進んでみませんか。私もそうでした。選択理論をみんなに伝えたい。だから本を出そう……。とはいえ人脈もない、お金もない。有名なわけでもない。実績もない。それでも本気でやるんだ！！！そう決めたら次々と仲間が増えました。

いじめ、虐待、差別のない社会の実現のために一体自分に何ができるのか。そこに向き合い続けたところ「目的を共有した仲間を頼る事は悪い事じゃない。何故なら頼られた方も嬉しいから」その答えに辿り着けました。その結果《仲間が増える》と言う現実が現れました。

こんな言葉を聞きました。「早く行きたければ一人で行け遠くに行きたければ皆で行け」私は仲間と遠くまでどこまでも旅をします。良ければ一緒に行きませんか。

もし頼ることが苦手な方がいたら思い出して下さい。きっと頼られた側は嬉しいと思うので。

突然ですが、私が大好きな言葉を紹介します。「あなたには価値がある」知人が略してアナカチと言っていました。私はこのアナカチが好きです。自分自身を認められるようになったとき一歩一歩すこしずつ先に進めるようになりました。

もし価値がある未来の自分を想像したら、その未来から見た今の思考は、あなたを制限していませんか？もし何の制限もないとしたら、私はどうしたいか？一度イメージしてみると思考が拡張するかもしれません。

発達障害はこだわりを曲げられない？

皆さん旅はお好きですか？私はほんとうに家派なので出来たらお家に居たいタイプです（笑）。でも、意を決してとある場所に行くことにしました。それは「親孝行」のためです！！！何故なら母の上質世界の一つには「旅行」が入っている！！！母の望みならば致し方あるまいということで勇んでまいります。

かつては自分のこだわりだけで生きていました。自分の好きなことだけしていれば良かったです。でももう「恩返し」に生きるって決めたんです。自分の事だけじゃなくて母は何を望んでいるのか？私が出来ることはなにか？どんな考え方でどんな行動をすれば良いか？それらを考えた末に苦手だった「旅」に一緒に行くという選択をします。

「大切なひとの大切なものを本当に大切にする為に」その目的の為なら、人はいつからでもどこからでも変われると思います。発達障害はこだわりを曲げられない？いいえ！そんなことはありません！本当に愛を行動で表そうと思ったとき不可能は可能になるんです！私はそれを証明し続けます。楽しく行ってまいります。

大切なのは何のために自分はそれにこだわっているのだろう……。そのこだわりの本質に気がつくこととそれよりも本当に大切にしたい物っていったい何だろうと考えてみることが重要なのかもしれません。

発達障害はこだわりが強い……確かに
それでも人は変われる
それでも私たちは変われる
本気で変わろうと決めているなら
そしてそれを選択するならば

人が喜ぶことを計画してみる

幸せな気持ちで毎日過ごすにはコツがあってそのコツって小さな意識なんだなと最近改めて思う今日この頃です。そのコツとは「人が喜ぶことを計画してみること」だと僕は思います。人に優しくなれた分だけ自分にも返ってくる。私はそう思っております。本日はホワイトデーのプレゼントを買いに行ってきました。あの人には何が良いかな?それともこっちかな?と頭よりも心を使って選ぶプレゼントが一番良いと思いました。

思い返せばこだわりや自分中心ばかりでした「自分はこのままで大丈夫かな」「生き残る為にはどの戦略を使おうか」「人と比べたら俺はかすむな、さてどうしようか……」自分のことだけをいつも考えてきました。結果人が離れていき「以前はあった素直さがなくなってしまった」とフィードバックを貰いました。

でも自分中心じゃなくて「どうしたら喜んでもらえるかな」そこに心を向けました。最近は職場でも日常でも笑顔が増え、意識をして言語化すると行動が具体的に変わっていきました。

思考は現実化するとよく聞きますが本当にそうだなと思います。自分にだけに注力すればそのような現実が、人の幸せを願えば同じくそのような現実が、その人の目の前に現れる。自分一人で幸せになるより皆で一緒に幸せに生きる。そちらを選択していくことでより豊かな人間になれるのではないでしょうか。

他人の喜びを願う。他喜力を大切にして生きます。

ここでちょっとワーク

身近な人を喜ばせる計画をたててみましょう。

いつ？
誰に？
何を？
どこで？
何故？

ちょっとプランを練ってみてください♫

子育てで困るとき

お子様を育てて困るとき　それはどんなときでしょうか

・**言う事を聞かない**
・**やっちゃいけない事をやる**
・**こだわりが強い**
・**急に走り回る**
・**落ち着きがない**
・**勉強をしない**

色んなケースがあると思います。そこで発達障害を持つ僕を育てた母の育て方を参考に新しい子育ての扉を開けられたらと思います。
私は片付けはしないし、勉強なんてしたことないし、人の言うことなんて全く聞きませんでした（笑）
それでは母はどうやって僕を育てたのか。

コツは「傾聴」と「フィードバック」です。私の母は「まず聴ききる！」話を遮ったりせずに私の話を聴いてくれました。そして「情報提供」をしてくれるんです。「それは良くないと思う」だとか「それは良いと思う」だとか。「正しさを押しつける」のではなく「自分の価値観を伝える」と言う視点で、いつもフィードバックをもらっていました。いつも話を聴いてくれるから私も母にならすべてを話せると思える母の言うことなら聴こうって思えるんです。自分の話を聴いてくれる人の話しか人は聴かない、と僕は思います。

まずは一度「正しさ」を捨て、人と人としてお子様との時間を取ってみてはいかがでしょうか。

・正しさを押し付けるより先ずは相手の話を聴く
・話すために先ずは聴く。聴くために何を話すかを考える
＝話すために聴き、聴くために話す
・すべてを聴いたうえで自分の考えを伝える

まずは傾聴を意識してみると良いかもしれません。

報復よりも感謝と創造を

以前、私は大切な人たちを傷つける事をしました。「今まで自分を見捨てた人たちを見返したい」という思いに駆られ、衝動的に恩人たちを蔑ろにして、新しい世界にいこうとしていました。

人が離れていく痛みを誰よりもわかっているはずなのに、自分が同じ事をしようとしていました。最初は衝動性のせいにしようとしていました。ですが違いました。障がいのせいにして逃げようとしました。

すべては自分の「思考」が創りだしたものでした。障がいが魅力になる社会を創るのが私の夢でしたがその夢を自分で否定する生き方を選択しかけていたのです。

多くの方に迷惑をかけてそのことに気がつき、過去に目を向けて失くしたものを取り戻そうとするよりも「目の前の人を大切にする事」を選択するべきだと考えを改めることが出来ました。

「人間関係リセット症候群」と言う言葉もありますが、どこへ逃げても私が私である限り、自分が変わらない限り、どれ程環境を変えたとしても、現実は変わらない。改めてそう学びました。

自分の報復心を優先しようとしたことを謝罪し、職場復帰をして同僚や友人を今まで以上に大切にすることを決めました。

もしかしたら皆さんにも同じことがあるかも知れません……。どうか皆様が「失くしたものを嘆く」

よりも「在るものに感謝できる」日々が送れることを心から願っています。

すべてはセルフコントロール。現実を創っているのは自分なのです。自分の弱さを認め、受け入れ、考えを変え、行動が変わる。そうしてやっと幸せな現実を創れるのだと再確認致しました。

こだわり=思考の縛り?

こだわりは良い方向に行けば「プロフェッショナル」悪い方向に行けば「思考の縛り」にもなります。食事や言葉づかい、行動や趣味趣向や生き方、ありとあらゆる面でこだわろうと思えばこだわることができます。

でもそれは誰の為のなんの為のこだわりでしょうか?僕は以前こんなこだわり(思考の縛り)がありました。「愛とは契約であり目標達成である」「人を好きになるとき好きになるのではなくこの人を愛そう!と決めるから好きになる」人に聞いてやっとわかったのですが、僕の恋愛観は少し変わっていたのです。

わかりやすく言うと、好きになってしまうというより好きになるってコミットをするから好きになる。「相手を護ると決め、その約束を果たし続けること」=愛だと思っていたんです。当然一般の感覚からはズレているので、あらゆる局面で争いが起こります(笑)。

歴代の恋人達に言われる事ランキング

—— **1位　ごめん別れよう**

――2位　何かちがうんだよな

3位　やっぱり合わない

でした（笑）

理由は今思えばカンタンなことです。「自分の自分による自分の為のこだわり」それを押しつけていたからです（外的コントロールの考え方）

設定した目標と形骸化した約束にこだわり、相手のことを本当に大切にしていませんでした。もし次があるなら、次こそは本質を大切にします。

皆さんの目的や目標は何ですか？そのコミットメントは、誰の為のなんの為のものでしょうか？私のしてしまった失敗をしないで下さい。恋愛は一瞬で散ります。花火のように。「こだわり過ぎて本質を見失う」そんな事態にならないように自分の経験が皆さんの防波堤になれれば嬉しいです。

もし今「愛」を見失ってしまったり、発達障害の特性の「こだわり」で苦しむ方がいたらご自身を縛っている思考の縛りが何なのか、向き合ってみると謎が解けるかもしれません。自問自答を繰り返し、想いやりを行動で示し続け、そして積み重ねて行けば、いつかは不変不朽不滅の愛になる。そう私は信じています。

ちょっとワークです

・「思考の縛り」はありますか？

・なぜそこにこだわるのでしょう？

・本当に大切なものは何ですか？

私はこの3つの質問を自分に投げかけ思考の縛りに気がつく事が出来ました。是非取り組んでみてください。

続けていく事♡

皆さん何かを継続するのは得意ですか?私は以前は筋トレを習慣にしようと思っていたのですが三日坊主でした。それには訳があったんです。

簡単に言うと筋トレをする強い理由や動機がなかったんです。特に筋トレをしてこんな風になりたい。だとか○○さんみたいになりたい。だとか全くなくて、なんとなくノリで始めた。ただそれだけだったんです。

でも今は発達障害の特性である〈こだわりの強さ〉を活かすことで継続が得意になってきました。続けていくのにはコツがあるのですが、それはシンプルに「理由や動機」をもつことです。

最近家族の健康を気にかけるようになって「野菜ジュースを食生活に取り入れる」という習慣をつくることにしました。習慣を作る為には継続をしなければなりません。継続するには強い理由が必要だと私は思います。

私が新しい習慣を作るとき大切にしているのが何故私はそれをしたいのかという「その理由を明確にすること」。私には家族には長生きして欲しいと心の底から思っているのでその一つの理由だけで継続する覚悟が出来ました。

「理由があるから続けられる」逆もまた然りで「続けられるには理由がある」と僕は思っています。もし三日坊主で悩むならそもそも本気ではないのかもしれません。

どうしても助けたい人、何が何でもやり遂げる理由、それがあれば目標の達成や新しく習慣を作る事は、思っているより楽になるかもしれません。一緒に本気になる理由を探して行きませんか。

先手を打っておく

最近歯の調子がいいです。以前は虫歯治療がたくさんありましたが近頃は歯も健康で美味しくご飯が食べられます。以前は何故たくさん歯医者のお世話になったのかというと「ギリギリまで我慢していよいよとなったら歯医者に行く」というスタンスだったからです（笑）

雪玉の例がわかりやすいと思うのですが雪玉が「問題」だとしましょう。「問題」は転がっていきます。すると「問題」は転がっていけばいくほどやがては大きくなってしまう。

最初の小さな雪玉（問題）の時点で対処しておけば、大玉な雪玉になる前に解決出来るかもしれません。だから最近は「問題がなくても念の為にそして予防の為に歯医者に行く」というスタンスで生きています♪

歯と健康寿命って密接に関係があると思います。美味しく長生きする為にも健康な歯を一緒に目指して生きませんか。

今回は歯医者の例えをしましたが「先手を打っておく」ことは問題を解決する能力にも通ずるし、大切なものを大切にする生き方にも通ずるし、先手を打つということは、後手に回るよりもありとあらゆる局面で大切な事ではないか。そう私は思っています。

鉛筆

鉛筆をふと眺めていると、あることに気がつきました。鉛筆とは、なんて切なくて儚い文房具なのだろう。「終わり」が見える。

何故ならば、鉛筆の長さは決まっている=その一本の寿命が決まっている。その長さ分だけ生きる（書く）事が出来るけれど、大抵の人は鉛筆をある程度の長さになったら捨てるか買い替えるかをするのではないでしょうか。余程、特殊な事をしない限り本当の意味で〈最後まで使う〉って難しいです。

私たちの人生はどうなのかな?と思ったのです

私達の鉛筆の長さってどれくらいなのだろ?

最後の瞬間まで無駄なく大切に使い切ることが出来るかな?

どれくらい尖っているのかな?

繊細な線が描けるかな?

それか丸くなった方が皆に優しくなれるかな?

チクチクした言葉になってないかな?

削れば削れるほど、傷つけば傷つくほど、それに見合う成長を私はしいてるのかな？
鉛筆が自分自身なら
鉛筆削りは体験や情報かな…
私達は、何色のどんな鉛筆になることを選択出来るかな？そんなことを考えていました。

僕は「さよなら」と「おやすみ」を言わない代わりに「お帰り」と「また後で」を言う

小さい頃から生命《いのち》の始まりと終わりによく触れ合ってきました。そのおかげでタナトフォビア（死恐怖症）という極度に死を恐れる神経症の一種に悩んだこともあります。そのおかげで常に「なんのために生きるのか」が明確になっています。僕は僕の人生を「恩返しと感謝をつなぐ旅」だと思っています。

生命には時間という制限があるけれど、その制限を超える「何か」を僕は探していました。そしてついにみつけました。月並みな表現になるけれどそれは僕にとっては「愛」でした。

出会いや別れを重ねて幾星霜。愛は時間や空間等の制限や制約を受けずにただ変わらずそこにある。

僕は人に対して特にその方の人生が完成し、完了するそのときに絶対に言わない言葉があります。

それは「さよなら」と「おやすみ」。

もし永遠がこの世にないのなら永遠の別れもきっとないはず。そう思って再会を信じて生きることにしました。するとタナトフォビアは楽になっていきました。

あなたはいつでも傍にいる

心の中のお家に帰ってくる
そう信じて「お帰り」を言う
再会を約束して「また後で」を言う

脳の外側の事はコントロール出来ないけれど自分の生き方や在り方はコントロール出来る。自分の道は自分で選べる。「諸行無常とは言うけれど俺だけは変わらない愛でありたいな。帰る場所でありたい」その想いが今の自分を創っています。

皆さんの大切なものは何ですか？
僕は生きる意味を明確に設定したら進むべき道がはっきりわかるようになりました。拙い言葉の羅列でもきっと誰かには届くはず…。皆さんの生きたい人生をみつける為のお手伝いが出来たら良いな。そのように考えております。

自分の人生の舵を取る技術

私は今、毎日幸せです♡選択理論と目標達成の技術に出会ってから心からそう思える人生です。

以前は怨みに満ちていて不幸でした。すべてを怨んでいました。私は母親への恩返しの為に生きるようになる前は父親への怨返《おんがえ》しの為に、つまり復讐の為に生きていました。家族に暴力をふるっていた男にどうやったら社会的にもトドメを刺せるかそれだけを考えて生きていました。

怨返しが恩返しに変化した理由は簡単です。シンプルに考え方を変えました。

「虐待のある家庭で育った、だから復讐しよう」という考え方だったのを「虐待のある家庭で育った、だからこそ優しい人になろう」「いつも護ってくれる母への恩返しの為に生きるんだ」という考え方を選択するようにしました。

復讐をしても永遠に〝過去の犠牲者のまま〟その思考の牢獄に囚われたまま生きるより解放された心で愛に満ちた人生を生きたいと思ったからです。セルフカウンセリングを繰り返したおかげです。およそ20年間復讐の機会を伺っていましたが、それよりも全力で恩返しの為に生きた方が母親が喜ぶと思ったのです。

その選択をして良かったと思っています。そして自分の思考と行為をコントロールする技術〈選択理論心理学〉を色んな方に伝えたい。そんな願望が燃えるように出てきたのです。自分を変えるきっかけになった技術を今が苦しい人にお伝えしたい。情報提供をすると決意しました。

「考え方は人をも殺す。そして考え方は人をも生かす」この言葉の意味が最近痛いほど良くわかります。物事をプラスに解釈するか、物事をマイナスで解釈するか、現実を選ぶのは私たち自身です。

現実を変えるチカラは私たちみんなが持っています。

その一歩はほんの少しの勇気からほんの少し違う視点で物事を捉える勇気それを持つだけで世界は何色にでもなります。私は復讐と自殺をやめ、日本から犯罪と自殺を一件無くすことが出来ました。不幸感から起こる悲しい連鎖を断ち切ることが私の使命です。現実を一緒に幸せ色に変えてみませんか?今考えていることや、今していることを見直してみること。誰の為に、何の為に、何故それをするのだろうと考えること。

もしかしたらそこには新たな世界へのヒントがあるのかもしれません。

癒えない傷〜過去の完了

憎んでいる過去、怨んでいること、心を縛るもの。それらを完了させる方法があります。そこから何を学んだのか？何を得たのか？を考える事です。皆さんの辛い出来事もきっと次に活かせます。失ったものではなく、今手に入れたものは何かを考えてみるのです。

私は大切な人を喪ったとき、その別れが私に何を教えてくれるのだろう。何を与えてくれるのだろう。と以前お伝えした〈ダイス思考法〉を使い、あらゆるパターン、あらゆる肯定的側面を考え出し、辛い出来事を学びに変えていきました。

過去は戻らなくとも未来は変えていける。選択理論が言うように自分と未来は変えていける。今目の前にある現象は何のチャンスの裏返しなのだろう？そのように積極的に学びを得ていく姿勢が大切なのではないか。そう私は考えております。

もし今、過去の傷みが癒えていないのならば是非試してみて下さい。皆様の過去が完了し、心が癒えることを切に願っております。

〝障がい者〟として生まれるのではなく〝障がい者〟になる事を選択している

20代のときに発達障害を4つ診断されました。障がいとはなんだろう？障がい者とはなんだろう？そう考えたときに思いました。私が障がい者になるときは、それは障がい者で在ることを選択したときだとそう思いました。

障がい思考については以前触れたことがあると思いますが、本質的に障がいとは「否定的な考え方と行動」の産物であると私はそのように考えています。その「否定的な考え方と行動」の正体を私は〈障がい思考〉と名付けそう定義しております。

私が障がいで苦しむときは私の「こだわり」や「何気ない癖」もっと言うと「思い込み」や「習慣」そういった物がネガティブに現実化した瞬間、それこそが〝障がい者〟になるときだと実体験を通して学びました。

「発達障害や障がいの症状が今の現実を創り出している」というより、「今の偏った考え方や行動が世間一般では障がいと呼ばれている」という捉え方の方が合点がいったのです。

逆説的に「考え方や行動の選択の質をコントロールすれば生きやすくなる」ということに気がついてからは気が楽になり自分に対して〝自己否定〟をしなくなりました。

人と違うことは当たり前でみんな違うのが自然なこと。とは言え、それ故に人と揉めてしまう。どうしても譲れない。異なる意見を受け入れられないというときは、私たちの土台となる考え方や行動、即ち「前提」の部分を一度見直してみる必要があるかもしれません。

私は自分に対してよく言う言葉で「積極的に自らの知覚を疑ってみる」という言葉があります。自分を解体していき「どんな思い込みで自分は創られているのか」を自己理解していく。ある種のクリティカルシンキングを大切にしています。

自分は正しいと思い込んだ時点で何か歯車がズレて行く気がします。正しさを一度捨て、異なる意見や他者に寛容になってみるそんなスタンスを常に出来るように積極的に自分を疑うことを心掛けていきます。

しかし己を疑い過ぎるとうつ状態を選択することになりかねないので、皮肉めいた表現にはなりますが「自分を信じつつ自分を疑っていく」それが大切なのかなと思います。

思い込み

発達障害の特性で強いこだわりというものがあります。私はこだわり=思考の縛り=曲げられない思い込みだと考えています。選択理論心理学に出会う前は私のこだわり（思い込み）は以下のようなものがありました。

- **愛を得るためには代償を差し出さなければならない**
- **他人には常に勝ち続けなければならない**
- **美しくなければ生きていてはいけない**

愛を得るためには代償を差し出さなければならない

恋愛関係はある種のサービスであり需要と供給が存在する。差し出された分だけ自分も差し出さなければならない。交際する上で「愛」を双方が証明し続けなければならない。そして双方の差し出す努力=犠牲と定義し犠牲に対して見合う価値を双方共に受け取る資格がある。

簡単に言うと

・例えば自分が50出せば、自分は何かを50受け取る権利がある
・「愛してる」と言う言葉には意味なく
数字やわかりやすい物的証拠（犠牲）の提示で覚悟や想いを担保しなければならない。
それこそが愛の証明である

他人には常に勝ち続けなければならない

正しさの押し付けあいの世界で生き残る為にはどのような方法を使ってでも己の正しさを証明しなければならない。

美しくなければ生きていてはいけない

容姿が整っていなければ、生きている意味がない。醜い私には人権も存在しない。

という3つの思い込みがありました。すべては私の解釈であり、私のこだわりであり、私の選択でした。

選択理論心理学では「脳の外側の事はすべてが情報」である。情報に対し否定的解釈を選択した結果、このような思い込みを生み、その思い込みが現実を決定している。=自分が生きづらい現実は自分で選択し、創り出している。現実の一つひとつが自分の思い込みで形成されているということに気がつきました。

苦しみの本質は「思い込みの糸が絡まっている状態」だと私は感じます。

困ったことがあるときは、一度紙に書き出して自分の論理構造を把握してみる。ということをオススメ致します。

愛という縛り

昔、精神を病んだとき私は理想のパートナー契約という以下の縛りを考えたことがあります。後述の10のルールの中で生きようとしていました。何故なら沢山傷ついたからです。

〝誰かと一緒に居たいくせに、人を信じることが出来ない自分。それならばいっそ縛りを創り、愛を契約にしてしまえば楽になる。どこへも行かない仲間が欲しい。でもあなたが去るときは事前に知りたい。その瞬間までは足掻くから、契約が破棄されるその瞬間まであなたにすべての力を注ぐから、俺と同じくらい愛してほしい。〟

そのように考えておりました。実に屈折した愛でした。当時はそれが最善の考え方でした。正直、恥じていますが敢えて書きます。皆様にお伝えしたいことは「そんな考え方をしていた私でも変わる事が出来た」この一点のみです。当時は人に裏切られるのが怖くただただ愛されたかったのでこのような縛りを想像しました。

「愛を契約にすれば楽になれる」＝わかりづらい愛という概念やシステムを言語化し定義する事でわかりやすくシステマティックに出来る。そう思い込んでいたからです。私は愛と言う形のない、捉えどころ

のない霧のような存在に、憧れつつも辟易していました。

だから愛をシステムに。愛を契約に。受容と供給の一致を図りました。

それが次のルールです。

〈私の理想のパートナー契約〉

以下、甲(私)　乙(相手)と呼称する。

(1) 交際に関して本契約前に一ヶ月のトライアル期間が存在する。トライアル期間の終了後、本契約締結となる。

甲は自ら契約終了を宣言する事、若しくは自ら契約破棄をする事は出来ない。

※トライアル期間中、乙は随時且つ一方的に契約破棄を唱える事が出来る。

(2) 本契約に関して三ヶ月を1クールとし1クール毎に契約更新の機会が月末に設定される。

(3) 生活に関して契約を交わした際や若しくは契約を更新した際など少なくともそのクール期間内(3ヶ月間)は双方合意の上で生活を続けなければならない。

(4) 責任に関して契約期間中に発生したトラブルに関しては内容いかんに関わらず双方が改善に向け尽力しなければならない。

(5) 思考指針に関して「コントロール可能な物は自分自身の思考と行為のみ」と言う共通認識の上で他責をしない事。

※互いの行動言動に対し〈すべては自分の選択〉であり相手のせいに出来ない。

(6) 行動指針に関して乙は、乙の理想のパートナー像ライフスタイル　その他諸々に対して甲と交渉をしたい場合、又は異議申し立てがある場合甲は無条件で乙の理想に近付くという前提の下交渉に応じなければならない。

(7) 契約違反に関して契約期間内に無理矢理に契約破棄を迫る場合、乙は甲に対してペナルティが発生する。又、その際乙に拒否権はない。

(8) 資産に関して乙は、甲の保有する資産　能力　財産を交渉の上で自分のものとして扱える。又、甲自身を自由に使役する事が出来る。

(9) 前提条件に関して甲は如何なる場合でも乙を愛し乙にすべてを捧げなければならない。

(10) 交渉に関して甲乙共に問題解決に対して感情的になるのではなく論理的に対話をベースで物事を解決しなければならない。又、双方意見の違いは交渉する権利がある。

という10項目が私の当時の理想が上質世界に在りました。誰にも捨てられたくない。一人にしないで欲しい。もう二度と傷つきたくない。その歪み絡まった想いからでした。

相手に正しさを押しつける外的コントロールの考え方でした。正しさを押しつけても愛は離れていくばかり。私はかつて愛とは「契約」である。と考えていました。それならばいっそルールを明確にし、契約で縛れば寂しい思いをしないで済む。そう考えた末の妄想がこちらの縛りです。

恋愛や結婚で私が問題だと思うのは「期間が設定されていない事」「パートナーの枠は一つしかないこと」でした。ならば予め契約期間を明確に設定して「契約更新制」にすれば、お互いが常に緊張感を持ち、「二人で居られる事は当たり前じゃない」という認識を持ち続ける事でお互いを大切に出来るのでは？

そう考えていました。

今思えばこの考え方、発想が私を生きづらくさせていた原因なのだと自己理解することが出来ました。縛るより赦せる強さを持つ方が、きっと愛は深まると、今は信じる事ができるようになりました。

私の障害思考は私自身の歪んだ愛でした。虐待により歪んでしまった愛の定義と愛の価値観。「力を示さなければ人に愛されない」「愛は勝利して奪い取るもの」そう捉えておりました。

正直生きづらく苦しかったです。ですが選択理論と目標達成の技術を学び得たものは「その現実を選んでいたのも自分」という事でした。

誰に言われたわけでもない。ただ自分の思い込みで、「人を屈服させなければ愛は手に入らない」という事を事実であるかのように捉えていただけでした。

思い込みは人を縛ります。私のように発達障害をお持ちの方は是非、選択理論と目標達成の技術を学んでみて下さい。現実を変えるには、学びを実際に行動に移さなければなりません。自身の捉え方を見直し、愛の定義を見直し、セルフカウンセリングを行ってみて下さい。

その果てしない自問自答の向こうに「大切なものを大切にする大切な生き方」があります。大丈夫です。きっとみつけることが出来ます。

資産

資産とはなんだろう……。そんなことをよく考えます。本当の資産とはどれほどお金を持っているか？ではなくてどれほど感謝の気持があるか。だと思います。お金さえあれば自分の欠点を補える、そう考えていたこともありました。ですがある程度お金を得ても結局何も変わりませんでした。

仏教の言葉で「足るを知る」というものがあります。無いものではなく有るものに目を向けてその有るものに感謝をしていく。

一体どれほどの犠牲の上で私達は生きているのだろう。

今、目の前にお魚の刺身があるとしたら誰かがそのお魚を調理加工してくれたからだし、そのお魚はもともと生きていたのでそのお魚を生んだお魚にもそれらすべての母である海にも地球にも自然と感謝が芽生えるようになりました。

人間関係もそうです。今日すれ違う人、ただ通り過ぎる人とも、その人とこの世で出会う確率は、天文学的な数値になるのではないでしょうか。だとしたらいかに人との出会いを大切に出来るのかそんな事を考えていました。

小さなことや当たり前だと感じることに感謝して人生を生きていくと日常の濃度が濃くなりました。

もう感謝が習慣ではなかった日々には、恐ろしくて戻りたくありません。


感謝を習慣にするには例えばパートナーにお手紙を毎日書いてみたり、母に料理が美味しかったとお礼を言ったり友人に何気ない有難うを伝えてみたり小さなことの積み重ねがオススメです。

不平不満があるときほどいかに恵まれているか、いかに満ち足りているかを想像してみてください。

目の前の現象はあなたに何かを伝えているメッセージなのかもしれません。

その想像力そのものが本当の資産なのではないかと私は考えています。

家族を愛するということ

皆さんにとって家族とは何でしょうか。私にとっての家族とは血縁関係の有無に関わらず最も多くの時間を共にする人のことです。

いかに家族を大切にするか
いかに家族との人間関係を良くするか
いかに家族に感謝出来るかが
私は人生を左右すると思っています。

一説によると人間の幸福度は90％以上人間関係の質によって左右されるとのこと。つまり人間関係が良ければお金やその他の環境要因等が満たされてなくとも満たされた人生を送れるということ。
私も昔は今ほど家族関係は良好ではありませんでした。感謝を忘れ不平不満を並べ当たり前ではないことを当たり前だと思っていました。
改めて自分の人生を振り返ったときに私がしたいことは母への恩返しだと気が付きこのままではいけな

いと思い先ずは自分自身を変える事にしました。

変えたことは
批判することをやめた
責めることをやめた
小さな感謝に気が付く努力をした

先ずは自分の行動を見直して
「あれっ？いま文句言っちゃったかな？」
「今のは責めたような表現だったかもしれない」
「毎日ご飯作ってくれるの愛を感じるなぁ、感謝感謝★」

そんな風に自分で自分にフィードバックをする習慣を創りました。おかげで家族とは今はとても関係は良好です。その習慣が今の私と家族を護ってくれています。

家族を愛するとは
「行動を起こすこと」
「計画すること」
「習慣にすること」
Love is action
Love is schedule
Love is behavior
だと私は考えています。

被害者を演じていた過去

幼少期に父親が家族を虐待していました。「直接殴られてはいないけれど精神的な虐待」を私は体験したのです。

そんな精神的な虐待を受けていたのですが、どれ程ときが経っても「幼少期に虐待を受けた」という過去形で終わらずに大人になってもいつまで経っても「虐待を受けた過去を持つ」という〝現在進行系で苦しむ現実〟を以前の私は選択していました。

どういう事かというとすべての不幸を虐待のせいにしていたんです。能力がない自分に対しての慰め。うまくいかないときの言い訳。復讐に生きる己に酔い、自尊心を保つ為虐待を言い訳にしていました。

「俺がうまく行かないのはあのクズのせいだ」

「あのゴミの細胞さえなければ優秀だった」

「復讐の為に俺は生まれたんだから復讐さえ果たせれば自分や他人なんかどうなったって知った事じゃない」

そんな不幸感であふれた人生を生きていました。理由はカンタンです。被害者で在ることを選択し常に逃げていたからです。不幸な人生を自分で創っていたのです。「復讐の為に生きる」という明確な目的目標が設定されればなんとか格好をつけて生きられると思っていました。確かに虐待は許されないことだと思います。ですがそこに常に逃げて自分が自分である為のちっぽけなプライドの為に生きていました。演じていても守られるのは安っぽくてホコリが被り時間が止まったままの過去の自分だけでした。そんな人生を変えるのはやはり自分の考え方と行動でした。

自分に対してまたセルフカウンセリングをしました

・本当に大切な人は誰なのか?

・今のままで大切な人を大切に出来るか?

・本当になりたい自分はなんなのか?

私にとっては母が大切で母への恩返しの為に生きたいんだということに気が付きました。人は変わることができます。しかし他人や何かのせいにしているままだと変わることは出来ません。

最後は自分の意志と選択で「どんな人生を生きるか」が決まります。

およそ20数年間「復讐」の為に生きましたが得られたものはありませんでした。約5年間、本気で「母への恩返し」と向き合っていますが毎日が感謝と愛で満たされるようになりました。そして自分の事も他人の事も大切に想う心が自然と養われました。

同じ事を繰り返すようですが自分の現実は自分の思考の投影なのだと思います。思考（考え方や解釈）が変われば現実は自然と変化していくのだとそのように考えています。

嘘

ウソも方便とはよく言いますが、ウソをついてはいけない本当の理由ってなんだろう。自分と向き合う機会を頂いたので改めて自己対話をしてふと思いました。
ウソ。漢字で書くと「嘘」口から虚がでる。

「虚」
読み方は〔きょ、うつろ、ほら〕
意味は〔中身が空っぽ、むなしい、空洞〕

人に対してつくウソも自分に対してつくウソも本質は同じ。

偽ること
身を偽り
虚を語り

記憶を改ざんする。

私達はウソをつくとき先ず自分自身を偽ります。そして有ることや無いことや真実と虚構を織り交ぜて仮想の物語を作り出します。やがて記憶を侵食し真実を蝕み現実を歪ませます。
するとできあがったのは「幻想」です。その「幻想」は生きています。

「幻想」は私達の都合の良い姿を象ってくれます。
「幻想」は甘い夢を見せてくれます。
「幻想」は優しくいつも傍にいてくれます。
「幻想」は安心も安全も安定も安寧もくれます。
「幻想」はすべてを癒やしてくれます。
やがて「幻想」は居なくなります。

なぜって、それは、ゆめでありまぼろしですので。

過去のあらゆる想念。父の虐待から家族を守れなかったこと。なれなかった憧れていた理想の自分。
果たせなかった約束。ありとあらゆる哀しみから身を護るための鎧。

それが私にとっての嘘でした。

偽れば偽るほど
騙れば騙るほど
欺けば欺くほど

自分が壊れていきます。

自分に正直に生きることの大切さを改めて学んでおります。自分や大切なものを壊したくない方は今
一度ほんとうに大切な想いは何か思い出してみてください。

「幻想」があなたにとっての一番の良き理解者になる前に。

とは言っても「真実」なんて本当はあってないようなもの。それこそ「幻想」なのでしょう。ですが幸せな現実は私たちの選択で創る事が出来ます。そしてそれを「真実」にしていけると私は心からそう信じています。

現実を変えるチカラ

現実を変えるチカラとはなにか……。

それは私たちの想像力と行動力だと私は考えています。

自分に嘘をつかず、本気で向き合って可能性を探求する。その覚悟こそが私たち人間が、誰もが持っている神秘の才能だと私は思います。一人で出来ないことは誰かと協力すればいい、辛いときは一緒に闘えばいい、それでも孤独になるときは自分で自分を信じればいい。

それが出来る人間に私はなろうと思います。障がいも過去の傷も解釈次第で魅力になる。

はじめに聞いたことをもう一度聞きます。

皆さんは今幸せでしょうか？

もし幸せじゃないとしたらそれは誰かのせい、

もしくは何かのせいでしょうか？

私はかつてすべての不幸を虐待と障がいのせいにして生きてきました。けれど得られたものは何もありませんでした。私は選択理論と目標達成の技術に出会って幸せを自分で選択する事が出来ました。

私たちはいつからでもどこからでも良くなれる。
私たちには現実を変えるチカラがある。
そしてあなたには価値がある。
それが私の本当に伝えたいことです。

【参考文献】

著者　一般財団法人　日本ビジネス選択理論能力検定協会（2013）
発行者　青木　仁志
出版社　アチーブメント出版
ビジネス選択理論能力検定　3級公式テキスト

友人からのメッセージご紹介

私は今回、沢山の友人からあらゆる角度でメッセージを頂戴しました。
「今このときを全力で生きる皆さんへ是非エールを送りたい」と思い色んな方々にお願いしたのです。ここで私の大切な友人からのメッセージをご紹介したいと思います。

私たちはとある研修での出会いがご縁で親しくさせて頂き、私と共同著者の渡邉さんのこの〝現実を変えるチカラプロジェクト〟にお忙しい中にもかかわらずメッセージを頂戴する機会を頂きました。
皆さんそれぞれの分野で業界を牽引されている方々ばかりです。経営者として、そしてその道のプロフェッショナルとしてご活躍されているので、ビジネスで何かヒントが欲しい方にも是非お読み頂きたいです。

一度しかない人生。悔いが無いように生きる為に私たちが出来る事を日々精一杯やっていきたいです。

花田 直子

株式会社葵コンサルティング
社会保険労務士法人葵パートナーズ
あおい行政書士事務所、
株式会社東京ビクトリー4法人+1事務所を経営

誰に反対されても滑稽でもチャレンジしてみてください!

私が資格を取って、税理士として開業したのは28歳のときでした。

私は幼少期の経験から、お金を稼いで自分で食べていくと心に決めて生きていました。

当時は、若くて元気で何でもできる!未来は明るいと思ってましたが、大きな壁にぶつかりました。

この職業では、若いこと、女性であることが、大きな妨げになるのだと、気づかされたのです。全然仕事がいただけず、売上0円の毎日でした。

自信もなく、お金もなく、人脈もなく、小さな子二人連れて営業に回る、そんな毎日でした。

当時は電話がかかってくるとワクワクしました。仕事を切望していました。

今思えばありえないですが、私は飛び込み営業を毎日していました。士業の業界ではそんな営業をしてる人はほぼいませんでした。プライドもありますし。当時は恥ずかしいという気持ちがなかったんですね（笑）仕事のないイケてない女性税理士が飛び込み営業してる姿、思い出すと怖いです（笑）

しかし、仕事を掴むきっかけはそこにありました。

「そんなに仕事をしたいなら、うちの会社でバイトしなさい」と言ってくださったある社長の会社で、不動産の管理のアルバイトをしながら、そこに来るお客様に税務相談させていただいたのです。そこからポツンポツンと仕事が入りはじめ、嘘みたいですが20年たった今では、社員数40名ほどの税理士法人他4社の会社経営をしています。

人生とは不思議なもので、自分が思い描く自分に、なりたいようになるんだなと、今振り返って思います。今苦しいなと思う方は、目の前のなにか一つに、誰が反対しようともチャレンジしてみてください！それがどんなに滑稽なことだろうと、バカにされようと、自分は良いと思ったことを、ただチャレンジしてみてください。きっと道が開けます。

東 洋平

障がい者グループホーム・むすびの家土岐町　代表
福祉を通じて地域貢献・社会貢献をしている。

あなたは自分の事が好きですか？

周りから否定されたり、そんなの無理だよおと言われて落ち込んだり。何だか自分の事が好きじゃない、大嫌い。そんなことを感じている人もいると思います。私自身も少し前まで自分の事を認めてあげられない人間でした。

私は障がいが有る方たちを、働く事を通じて支援する施設などを6ヵ所経営しています。そんなことを書くと、「元々仕事出来てすごい人なんでしょ」なんて言われたりもしますが、全くそんなことはありません。

子どもの頃は忘れ物だらけで、勉強も出来ず怒られてばかり。周りの大人の期待していることが出来ない自分には「価値がないんだ」と思って生きていました。

そんな私が自分を認めてあげる事が少しずつ出来るようになったのは、仕事を通じて自分が成長できたからです。少しずつ少しずつ出来る事が増えていって、周りに貢献できることが増えると、「ありがとう」を言って貰えたり、相手に喜んでもらえる事が増える。

そして、自分も自分の力で生きていけるかも、と思えるようになっていく過程で、自信が付き自分の事を認められるようになっていったのです。でも一番の自信は、自分の事を一番の友人だと思えるようになったこと。自分以上に自分の事を大切に出来る人はいません。

自分を唯一無二の友達だとするなら、あなたは自分にどんな言葉を変えてあげますか?自分を大切にすること以上に、周りを大切にすることは出来ない。

ぜひあなた自身が、あなたの最大の理解者であり支援者であって下さい。

どんな小さなことでもいいので褒めてあげて下さい。幼い子どもに接するように、自分に対して「すごいね！頑張っているね！そんなこと出来るようになったんだ！」と沢山自分を褒めてあげて下さい。

それがあなたの心の勇気の種となり、根拠のない自信となって、一歩踏み出す力になります。いきなり世界を変える力は身につかなくても、小さな小さな一歩の積み重ねが、きっとあなたを支える力になる。

応援しています。

池田 耕介

（元教師／愛知県大治町議会議員）
平成24年度〜令和3年度
大治町立大治中学校で担任10年間
令和4年度
弥富市立十四山中学校で担任1年間→退職
令和5年4月23日
大治町議会議員一般選挙にて初当選

諦めない事

ひょんなことから教師となり、担任を任せてもらった最初の頃は、自分の力不足で救ってあげられない子が何人かいました。

悔しさを噛みしめながら「いつかスーパー先生になったら、きっとどんな子も救ってあげられる」と信じて、ただそれだけを信じて歩んできた、教師生活11年間でした。

11年間で約４００人を本気で担任し、約１５００人と本気で関わってきて、自分でも、そんなにできない側の教師ではなかったかな、と思う反面、社会の中の学校の中の一教師では、解決できない社会の課題や、何ともしてあげられない家庭の問題が、見えてくるように年々なりました。

その中でもがき苦しむ子どもたちを救うためには、根本の社会から良くしないとダメなんじゃないか。

じゃあ社会を良くするのは誰だろう？政治家か！よし、立候補だ！と思い立って、誰もが驚く突然の退職。

3月末まで教師として勤め、４月23日の選挙まで3週間。

誰が考えたって無謀な挑戦です。

が、ここでも力になってくれたのは、かつての教え子やその保護者たちでした。

「先生、おれ初めて選挙に行ってくるわ」「私の1票を無駄にしたら許さんよ」

そんなたくさんの声に支えられて、１６４３票で見事当選。歴代最多得票のオマケつきでした。

本気で一人一人の生徒と向き合い、11年間、教師として本気で生きてきたからこその結果だったと思っています。

だから私はこの先も本気で生きます。

あの子たちと生きていく、社会を少しでも良くするために。

そして、いつまでも自慢の「元先生」でいたいから。

そうちゃんがくれた宝物

渡邉奈津紀

はじめに

本書を手にとっていただきありがとうございます。

私は、元小児科の看護師であり、今は体力メンテナンス・産前産後子育てケアの専門家として仕事をしながら、プライベートでは4歳、6歳、9歳の3人の子育てをする5人家族のお母さんです。実は現在4人目妊娠がこの本の執筆中にわかり、つわりでお腹の子の存在を感じながら、みなさんにメッセージを届けたくて書いております。

共著出版に声をかけてくれた水野さんとは、目標達成の技術と選択理論心理学という良好な人間関係を築く技術体得の研修の場で出会いました。

私は仕事にもなっている体力メンテナンス・産後ケアに加えてこの技術を人生に活かしたことで、人生における悩みがなくなったと言っても過言ではないくらいに、楽に生きやすく幸せになりました。

しかし、そういった知識や技術は意味づけと、確認作業ができた感覚で、大切なことはすべて子どもたちが教えてくれました。特に私の人生が今こんなにも幸せなのは、長男そうちゃんとの出会いがあったからです。そうちゃんはＡＤＨＤの特性の一つでもある多動性や衝動性を持って生まれてきた子でした。育てにくさというものを感じて向き合ってきた時間は、私に何が必要なのかを教えてくれました。

幸せに生きることを身体中で理解する経験をした私はラッキーですし、もっと多くの人に届ける使命があるのだと思っています。

子育て中新しいことにチャレンジする、そのハードルが高いと思う人も多いかもしれません。だからこそ本であれば多くの人に届けられると思いました。声をかけてくれた水野君には感謝しています。

今読んでくださっている、子育て期のお母さんお父さんいつもお疲れ様です。これまでにも仕事柄、たくさんのお父さんお母さんに会ってきましたが、お子さんを愛するからこそ、幸せもたくさんある反面、子育て期は悩むことも多いですよね。

お子さんの成長発達、お子さんとの関係、子育ての仕方、夫婦関係、義理のご家族との関係などの子育てと人間関係の悩みや、イライラしてしまう、ついカッとなって怒鳴ってしまう、前向きになれず意欲がわかない、疲れやすい、スッキリしない、肩こりや腰痛などの心身の悩みなど、抱える悩みは様々です。

実は私は過去に産後うつを経験しております。今伝えるならば、産後うつとはどんな病気かというと「愛したい人を愛せなくなる病気」と自分で定義しています。

自分の心身がコントロールできなくて、生きているのに心が死んでしまったような、苦しみはもう二度と味わいたくないというものでした。

初めは小さな体の不調や心のモヤモヤでも、悩みや苦しみをずっと抱えて溜め込んで、体や心のメッセージに向き合わないでいると、気づかないうちに進行して最悪私のように病気になることがあります。心の病はじわじわ進行するので本人には気付きにくく、表面的には頑張っているので、そばにいる家族ですら気づかないことがあります実際、国立成育医療研究センターの研究によると、産後1年以内の女性の死因の1位は自殺です。今大丈夫だからと言って、必ずしも心の病になることはないとは言い切れません。

私はみなさんにはそのような苦しみを決して味わってほしくありません。病気は予防できますし、病気になりにくい体と心はつくることができます。

人生のどん底を乗り越えた私は、痛みを知っているからこそ、「幸せに生きる」を強く求めました。だからこそ幸せの感度は高くなり、幸福度が下がることはもうありません。

これは私だからできたわけではなく、意味づけを持てば技術として誰にでも体得でき、使うことで人生が変わっていきます。

今苦しいともがいている方がいるならば苦しみの穴に入ってしまい、真ん中にいてうつむいている人は、空は明るいことも知らず、希望すらもなく、目の前が真っ暗に思うかもしれません。

しかし希望は自分の中にあります。あなた自身が求めて諦めず、顔を上げて空に気付くことが重要です。

幸せを強く求めてください。みなさんならできます。

この本が子育て中のみなさんの希望の光・現実を変えるチカラになりますように、と心を込めて書かせていただきます。

わたしとそうちゃんの物語

そうちゃんへ
少しだけあなたとの人生を書かせてもらいます。
そうちゃんがそうちゃんとして生まれてくれたから
私は自分の人生を彩ることができています。
家族でも幸せをたくさん感じていられるのは
あなたが1番に生まれてきたから。
お腹にいる子が実は5番目の子だということも知ってるね。
2回目の妊娠でお空に行った子のことも
いつも感じてくれてありがとう。
命は奇跡。
一度きりの人生で、家族になれてよかった
無事に生まれてきてくれたら

またあなたはお兄ちゃんになると思うけど
妹も弟もあなたが大好きで尊敬してる。
一人の人間として自分らしくこれからも生きてください。
これからも宇宙一の味方でいます。

ママより

初めての出産と産後

今からちょうど9年前、11時間かけて長男のそうちゃんは生まれてきてくれました。出血も多く血がなかなか止まらなかったので、点滴を受けながら入院期間を過ごし、退院後も赤ちゃんの頭くらいの血の塊を産み落として、畳と布団を血だらけにしたのを今でも覚えています。

産後の体を抱えての24時間待ったなしの子育ては、小児科看護師として現場にもいたので、子どもを見ることは慣れていましたが、看護と子育ては全く別物。お母さんたちはすごい！とすぐに思いました。

一人目の子どもでしたので、子どもってこういうもんよね…と思っていましたが、毎日毎日そうちゃんと向き合う日々は、体力が底尽きる状態でした。

そうちゃんは赤ちゃんの頃から敏感で、細切れでしか寝ないのはもちろん、抱っこから下ろすとすぐに気づいて泣いてしまいます。そして、よくおっぱいを飲み続ける。その度にうんちをする。

私は、授乳、おむつ替え、授乳、おむつ替え、寝たと思ったらまた泣いて授乳、おむつ替え。これが夜中も同じように続きました。授乳の間隔を開けようとして、どれだけ抱っこしてゆらゆらしても寝てくれず、最後はまたおっぱいを咥えさせるといった形で、昼も夜も今何時かもわからなくなるくらい。かみはボサボサ、メガネのままで、初めての子育てに向き合っていました。

赤ちゃんだったそうちゃんは、どんどん動くようになると、私の子育てはものすごくアンテナを張らなければならなくなりました。

動かないでいた頃は、安全だったものが、一気に危険になったからです。

寝返りからハイハイし始めた頃、あるものはすべて口に入れ、本の表紙を全部噛みちぎってしまうくらいにガリガリガリガリと何かを噛んでいないと落ち着かなくなりました。

つかまり立ちしたらもう大変。机の上のものはすべて落としてひたすら口に入れます。棚も全部開けて中身を出し、砂や石、葉っぱすらも口に咥えて、手の届くところには何も置かないように徹底しました。しかしそんなに甘くありません。

行きたいところに行けない、出したいのに出せない、食べようとしたら止められる、そうちゃんの欲求が叶わないと大泣きです。そのパワーは凄まじいもので、のけぞって泣いて、抱っこもできないのです。

私はそのうち、おんぶをしている間しか自分の両手が使えなくなりました。

おんぶはそうちゃんを寝かすというよりも、私の中ではある意味自由を確保できる命綱みたいなものでした。

今でも覚えているのが、あるとき家族でお出かけした際に、おんぶ紐を忘れたときの感情です。そのとき私は「おんぶ紐忘れたーどうしようどうしよう」と大泣きしました。

おんぶ紐忘れたくらいでなんで泣くの？と不思議に思うかもしれませんが、私にとっては命綱がなくなる一大事だったのです。

動き続けるそうちゃんを拘束するものがないことに対して、私の頭の中は、「もう私はずっと動き続けるそうちゃんを監視して抱え続けなくてはいけない。突発的に動いて止まらないそうちゃんの動きが怖い！」と恐怖に襲われて泣いてしまったのです。

旦那さんも、そのとき遠方から会いに来てくれた私の母も、なんで泣いてるの？という様子でした。しかし、私にとっては毎日がそうちゃんの動きとの戦いで、人が多い場所は特に緊張状態が走っていました。

人にまた迷惑をかけてしまうかもしれない。どこかへ行ってしまって見失うかもしれない。危険な行動をするかもしれない。

そんな風に予測できるすべてのことを考えて事前準備をしていかないと、もう間に合わないとわかっていたからです。今思えばそんな感情を持っていること自体、余裕のなさを覚えますし、必死だったんだなと客観視できます。しかしそのときの私は、それほど一人で抱えてもがいていました。

余裕のなさが生み出すもの

そうちゃんは赤ちゃんの頃から、どれだけでもおっぱいを飲み続けましたが、食べるようになると、どれだけでも食べ続ける子になりました。成長曲線を大きく超える体重に抱っこする私もすぐ限界がくるほどでした。

とにかく口にものが入っていないと落ち着かないのか、常に食べ物をせがんできます。食べ物がないとき、大泣きするそうちゃんが手に負えなくて、私はこんなに大変なら…と歯磨き用のタブレットを、まるで犬の調教に使うかのようにあげていました。こんな犬の調教だなんて表現したら、叩かれてしまうのかもしれません。

しかし、これは嘘ではなくリアルに私が感じていたものです。

私の心の余裕がなかったせいもあるでしょうがそうちゃんの動きは本能的で素早くて、泣くと落ち着くまでに見ているこっちも時間と体力を使います。タブレットはその予防策にもなっていました。

毎週の買い物は戦場でした。カートはまず乗りません。乗せても体をよじらせて抜け出すか、抜け出せないと力いっぱい泣きます。

買い物するものが多いときは、重いそうちゃんをおんぶしてずっと歩くことはできないので、歩き回るそうちゃんを追いかけて、危険行動を回避しながら買い物をするのがミッションとなります。

お肉のラップに穴を開けたくなる
卵は投げたくなる
果物は潰したくなる
お菓子は開けて食べたくなる
製氷機の氷は全部出したくなる

そうちゃんの欲求はとまりません。これらは、すべてやったことがあることです。素早いそうちゃんの動きに私は買い物どころではありません。

今思うと、宅配にするなど工夫できればよかったのですが、お金がもったいないとか何かしらの理由を言いながら、実際は体力がなかった。その一言だと思います。

新しいことをする方がエネルギーを使うため、ギリギリの体力では自分でやった方がましだという選択を選びがちです。人を頼ることができないのも、体力不足のサインだなと今ならわかります。

私の個性

幼少期から長女の私は正義感が強く、人の迷惑にならないようにと思って必死でした。親からも「こんなことをしたら恥ずかしい」そういった教育も受けてきました。

「当たり前」に対して、できない自分に、「恥ずかしい」その言葉が一番苦しかったのを今でも覚えています。

人の迷惑にならないように、恥ずかしい行動をしないように、そう生きてきた私にはどうしても許せない行動がありました。

みなさんならどう対応しますか?

自分より幼い子でも構わず手が出てしまう
急に完成したばかりの友達の作品を壊してしまう
見ず知らずの子にいきなり顔面に砂をかける

こういった自分以外の子に迷惑がかかる行為が行われると、その子の親を思うと申し訳ないという気持ちが強くなってしまい、年下だろうと女の子だろうと構わず動くそうちゃんに向かって、なんて酷いことをするの！と決めつけてそうちゃんのことが許せない感情になり、冷静でいられなくなりました。

思いやりが持てず恥ずかしい、将来が心配だと思っていたと思います。

そうちゃんのなかでは、その行動になってしまう刺激があったのだと思いますが、そのころはそうちゃんの特性も理解できていません。私は震えながら、怒鳴りながらそうちゃんを抱えて動きを止め、とにかく何度も謝って、帰りたくないと叫ぶそうちゃんを無理矢理抱えて二人で泣きながら帰る。そんな日が何度もありました。

そうちゃんの動きを見ていないと他の人に迷惑がかかるかもしれない。

でも家の中で二人きりは精神が崩壊しそうでした。

愛したい人を愛せなくなる病気「産後うつ」

段々と朝がくるのが怖くなってきます。そうちゃんは夜は何度も起きて、2階の寝室の柵をガタガタ揺らして大泣き。1階と2階を毎晩往復していました。

おもちゃを真夜中に出して遊ぼうとするけれど、なんとかしてまた2階へ連れて行きます。やっと寝たと思った頃には朝が来て、朝6時には私を叩くか、引っ掻くか、髪を引っ張る。

それでも疲れて起きられないとき、そうちゃんは一番嫌がる場所を探り当て、最後は首をひっかきにきます。

苦痛で起きる私は大声で「痛い！だめ！」と何度も叫びそうちゃんは起きたのをいいことにケラケラと声を出し笑顔でまた動き出します。

そろそろみなさんも旦那さん何してたの？と思いますよね。申し訳ないけれど今は宇宙一のパパでありパートナーの旦那さんもこの頃は未熟でした。

「うるさいなあ。寝かせてよ」という状況でしたし、朝早くから夜遅くまで仕事で忙しくて「男の子なんてそんなもん」と寝顔しか知らないのにアドバイスしてくるのに正直「何もわかってない！」と本気で思っていました。

今はネタなんですけどね（笑）。旦那さんも自分で「あの頃は子育てをわかってなかった」と言ってました。

親になったことがないわけですからお互い未熟は当たり前ですね。寄り添うコミュニケーションもこの頃はお互いにする余裕がなく夫婦関係もすれ違っていました。

みなさん、**産後うつは病気**なんです。

産後に起こるから産後うつなだけで、子どもがいるいないに関わらず誰でも心の病にはなる可能性があります。心の病が怖いのは、自分をコントロールできなくなって、体の反応が顕著に出ます。

この頃の私は そうちゃんの引っ掻くなどのかまって攻撃に、自分の身をのけぞって幼いそうちゃんに怯えるような状態だったんです。自分の子どもにビクビクしておかしいですよね。そのおかしさにも気がつかない、じわじわ進行する病気です。

そしてそのうち毎朝欲求を訴えにくるそうちゃんに、いつしか芽生えてしまったのが「嫌悪感」です。

とにかく体力不足なので、心も体もエネルギーがなくて、こんなふうに思ってしまう私の性格が問題かもしれない。私が未熟だからだめなんだと**考え方も否定的**になります。この考え方が行動を決めるので負のループを生み出していきます。

あるとき勇気を出して、そうちゃんの個性について身近な人へ話をすると「考えすぎだ」「私が小さい頃よく動くからそうなったのではないか」と言われた何気ない一言。

今なら悪気がないのもわかります。

24時間見てない人にとって私が何に困っているのかもわからないこともよくわかります。しかし、そのときの私は、勇気を出して伝えても共感してもらえないのはとても苦しかったです。

考え方や価値観の違いは誰でもあります。時代は変わり発達障害の支援はたくさんあります。でもそんな診断もなかった時代に子育てしている人にとっては、その考え方自体受け入れられないものなのだと思います。

ただ、苦しんでいる当事者は、気持ちを共感する。それだけで救われると思います。アドバイスして欲しいわけでも、否定や意見して欲しいわけでもなくて、ただ味方だよって言ってもらいたかった。

人に頼れなくなって崩壊するのは簡単でした。自分で自分を殺すことが誰でもできるからです。

「育てにくい」「母親失格」感情がまだあるうちはよかったのですが、嫌悪感で避けるようになり怯えるようになったらもうコントロールが効きません。

愛しているし愛したい。でも苦しい。

そのうち考えるよりも前に自分の体が悲鳴をあげます。

勝手にだめ!と言いながら手が出るようになったり、寝顔に謝り自分を叩くようになったりするのです。自傷行為や自殺願望が出てきたらかなり重症になっている証拠です。

ここまで書くとなんだか壮絶で笑顔もないような毎日に聞こえるかもしれませんが、もちろん大変なことばかりではなく、そうちゃんの個性が生きる場所もありました。ですから書いたことだけがすべてではないことはご理解ください。

そうちゃんの無限の体力は今も運動能力に活かされていて、幼い頃はハイハイレースでどのレースに出ても1位を必ずとってきました。動けない状況からよーいどんで動ける！となったそうちゃんのパワーはすごかったです。

さらに歩き始めは11ヶ月で、1歳の頃には小走りに近い動きをしていました。ヨタヨタはしてましたが、転んでもすぐ立ち上がります。

そして2歳では走るどころか側転をくるくる何度もやっていました。周りのお母さんに何か習わせてますか？と聞かれましたが、勝手に習得していました。

そして3歳では逆立ちをしたり、跳び箱を飛んだりも楽しそうにやっていました。

やりたいことをやりたくなるので、市で習う幼児体操に行かせても集団の中で同じタイミングで行うことができず困難さはありましたが、いざできる！となったときにはすぐに習得してしまうので、体を使うのが好きな子なんだといいところも見えていました。

ただいいところよりも**病気のときは大変さをより強く感じていた**と思います。大変と思うことがあまりにも続くと、大変なことが起こるんじゃないかと予測し始めてしまい、脳のテーマも**大変探しの旅**になっていきました。

そのうちそうちゃんが動く、その前に止める。やる前にそらす。環境を避けたり刺激を避けたりして不発に終わると、そうちゃんはどんどんストレスをためていきます。

そして私の体はぼろぼろで、体力はなく、出てくる言葉がどんどんと否定的なこの子は大変だから、、というような言葉が出てしまうようになりました。

動くそうちゃんを否定し突発的に衝動的にやってしまうそうちゃんを否定し**ついに私が壊れていくと同時に、そうちゃんに異変が現れます。**私と目が合うだけで謝るのです。

「ごめんねママ。動いちゃうからごめんね」

私にはっきりと訴える目で言います。我が子にこんなことまで言わせて、私は何をやっているのか。

感情と行動のコントロールができない。その不安定な自分。

この子を不幸にさせてしまう、死んだ方がいいのではないかそんな選択もよぎりました。

これが私が体験した産後うつの一部です。

何があっても死んではいけません。でもそう思えてしまうくらいに苦しい産後うつは恐ろしいとはっきりと言えます。

人生のどん底の、私のそのときの考えていたままの解釈でここまで書きました。困難さばかりに目がいき、どれだけ物事を悲観的に見ているかわかると思います。

私は産む前から要因がありました。それは自分を責める思考の癖があったこと。

ですからそうちゃんのことも、子育てのことも自分が悪い、自分がダメだ、もっと頑張ら

なければと思って、いつも人に頼ることができずにもがいていました。

表面的に頑張ると周りは気付きにくいですからいつの間にか谷底に落ちるように動けなくなりました。そんな私を救ったのは産んでくれた母でした。

娘の異変に電話の声だけで気づく愛の本能に今でも感謝しています。そこからはもう母のおかげで回復しました。

それは、母が仕事が終わってからの時間、そうちゃんと距離を少しでもとることができたからです。24時間待ったなしのなかで、自分の時間ができました。

突然できた自分の時間。母に「気分転換しておいで」と言われても、ずっと子育てに向き合っていた私は何をしたらいいのかわからなくて困ったのを今でも覚えています。

親の愛の力

母のおかげで私は私を徐々に取り戻しました。同じ自分なのに不思議です。心の余裕ができると「可愛い」と思う感情が戻ってきます。

この子は私が産んだ子。愛してる。

そうやって湧き上がった心で、久しぶりに抱きしめることができたとき泣けて仕方がありませんでした。そうちゃんは変わらず「ママ大好き」そうやって愛のシャワーを浴びせてくれました。

心を取り戻すのも波がありましたし、簡単ではありませんでしたが親の愛にも救われました。私は親に命をもらって、そして命を救ってもらいました。心から感謝しています。

今は孫もたくさんで、また違った苦労もさせているかもしれませんが、元気に成長している様子を時々見ながら「あなたたち夫婦が仲が良くて、家族が笑っているからそれでいい」

と言ってくれます。親の愛のパワーは尊敬しかありません。
私が私らしく笑っていることが何よりの親孝行なんだと気づいた瞬間です。

お母さんが健康でなければ子どもは育てられない

私のように苦しむ人をなくしたい

今の仕事に結びつくのですが、私にはこのときから信念ができました。**絶対に自分が健康で幸せになる**ということ、そして産後うつ含め、**子育て期の不幸を無くしたい**という思いです。

そこで私がまずは**誰よりも健康で幸せにならなければいけない**と思いました。

そのときに出会ったのがバランスボールを使った【体力メンテナンス】【産後ケア】です。

生きるということは自ら活かすということ

恩師から、バランスボールは子どもと一緒に弾むことができて、**寝かしつけにも使える。**そして何よりお母さん自身の体と心のメンテナンスになる。産後のあらゆる不調は、あなたが悪いわけではない。産後特有の体と心の状態がある。

そう聞いたとき、私は救われるような気持ちになりました。

自分を責めてばかりいた私は、産後の体や心について何も知らなかったことを知りました。無知であることの恐ろしさを感じます。

今もし苦しんでいる方も、あなたが悪いのではなくて、様々な不調に対してどう対応して

いいのか知らないだけです。

そして産後うつになった私に言えるのは、今苦しい人には厳しく感じるかもしれませんが、**自分を活かすのは自分でしかない**ということです。

どれだけ苦しくても人のせいにせず、**自分で行動するしか人生は変わりません。**

私は母に命は救われましたが、自分を活かしたのは他でもない自分でした。どれだけ周りが良かれと思ってサポートしても、自ら気付いて幸せに生きるために動かなければ変わりません。私の場合は、深く理解したのは動いてみた後からでした。

自分でしか生きられない一度きりの人生だからこそ自分を活かす責任は自分であると忘れずに、堂々と自分をご機嫌にワクワクさせてあげてください。

まずは小さいことからでいいのです。素敵なカフェでゆっくり過ごしたければそれをしてください。会いたい人には会いに行って、食べたいものを食べて、やりたいことをやらせてあげましょう。

身近に頼る人がいなければ、一時保育を活用してみましょう。それも**人の力を借りる挑戦です。**

ずっと子どもと向き合っていると苦しくても、離れてみると感じる愛おしさがあります。

子どもも、泣いて嫌がるかもしれませんが、保育士さんはプロです。とても上手に遊んでくれて、意外とケロッと楽しそうにしていることも多いですよ。

そうやって少しずつでも行動すると、何か新しい出会いや機会がやってきます。

ワクワクした先にあるものや人が引き寄せられてきます。

だから求めてください。

自分のために動いてみると、新しい発見があり創造力も湧いてきます。

子育て中、頑張ることを間違えない

頑張ることに慣れている人ほど、自分一人で頑張りすぎてしまいます。10月10日赤ちゃんを育み、産んだ後は1ヶ月は最低でも床について休む体に、このあと待っているのが24時間待ったなしの子育て。産後の体がその後の人生にも大きく影響します。

産後にメンテナンスをせずに子育てをすることは、例えば、入院患者が寝たきりで過ごした後に、リハビリなしで退院して生活するようなものです。そこで無理をするというのは、体力も筋力も落ちた体を使って、気力で頑張るようなもの。気力だけでは長続きしません。ですから体力をまたつけていく作業がどうしても必要になります。

私はまさに、なんのメンテナンスもせずに動き続けた結果、動く力も考える気力も無くなっ

ていきましたから、**体を整えなければ頭も動かなくなり、判断力が鈍ることを経験しています。**

私の命を輝かせてくれた資格として今も講師育成を続け、技術を伝え続けていますが、一般社団法人体力メンテナンス協会にて、バランスボールを使って自らを健康にしながらその技術を伝えるバランスボールインストラクター、そして体力不足の原因とその改善方法を体験型で指導する体力指導士、さらに産後指導やメンテナンスができる産後指導士の資格、骨盤を整えて体を調整する骨盤補正師の資格を取り、仕事にしました。

あのときの勢いは誰にも止められなかったと後で旦那さんや母は言ってました。

なぜそこまで動けたのかは「信念」だと思います。誰に何を言われようと、まずは自分が健康で幸せになって家族

を守る力をつけたいと思っていましたから。

痛い目見て気づいた信念はものすごい行動力へつながりました。なぜ資格を取ることにしたのかは、私は人よりも継続力が弱いと自覚していたので、教える側になれば一生やり続けると思ったからです。

自分を信じた結果、資格を取る過程で、バランスボールによる有酸素運動をすることで私の体のあらゆる不調はなくなり、体重はMAX60キロあったのが49キロまで落ちました。

寝ることもできず、抗生剤の点滴を繰り返しながら、長年苦しんだ花粉症からの慢性副鼻腔炎が発症しなくなったときは、誰よりも家族が驚いていました。

バランスボールの有酸素運動により自律神経が整ってイライラすることもほとんどなくなり、前向きで気力に溢れた思考を手に入れられるようになりました。

体の不調が心の不調につながり、体の余裕のなさが心の余裕のなさにつながる。まさに体と心は繋がっていました。

体力とは生命活動の基礎となる体を動かす力であり、そのエネルギーを自分で作り出すための行動が「体力メンテナンス」。その技術の効果は、身体面だけでなく精神面にも影響し、それが結果人生を変えることにもつながります。

さらに**人とのコミュニケーションも体力が必要**です。

私は体力を得たことで、旦那さんや子どもたちとのコミュニケーションにもエネルギーを注ぐことができるようになりました。どれだけコミュニケーションの方法を知っていたとしても、体力メンテナンスによって心の余裕がなければできません。

産後ケアのレッスンや、バランスボールのレッスン、体力指導の講座など各種行っていますが、ぜひ興味のある人はまずはインスタグラムを除いてみてください。レッスン体験や体力メンテナンスって何？産後ケアって何？というような講義のプレゼントも行っています。

信念の強さ

先ほど信念といいましたが、実は私は産後うつになったときも信念を貫いていました。信念は良くも悪くも、そう思い込んで突き進みます。

体力不足のときは、そうちゃんをなんとかしなければという信念で動いていましたから、その信念による正しさが行動を選択して起こした結果が人生のどん底でした。

それらの考え方と行動が効果的ではないと知ったのは、専門家の力を借りたからわかったことでした。

そうちゃんの特性を理解した日

体力がついた私は、人の力を借りることを決めました。体力不足のときは、変化に対応

して人の力を借りる方がエネルギー使うのでできなかった自分にとっては、大きな行動でした。

自分だけではなんともならなかった、そうちゃんの特性と向き合う子育てに力を貸してくれる人を求めました。そして、子育てについて相談する中で、療育支援とつないでくださる方と出会い、そこで福本医師に出会いました。

福本医師は「ママ、よくきてくれたね。まず、ママが問題であることも、そうちゃんが悪いということもひとつもないということを知っておいてね。そして発達障害かどうかというのも、小さい時期には判断しにくいけれど、ママが困っている時点で社会的支援を必要とすると考えるから、力を借りていこうね」。そんな風に言ってくれました。

ここまで向き合ってきて、一生懸命にガチガチに固まっていた自分の力が少しづつ抜けていくような気持ちでした。

そして続けて先生は「ママがそうちゃんのためにやりたいことを我慢したりすることはし

なくていいからね。堂々とやりたいこと、今やっているバランスボールをやり続けてね」

そして続けて「話を聞くと、そうちゃんは思うよりも先に動きやすい衝動性が高い可能性があるね。それは例えばそうちゃんの見えてる世界では、目に入るものすべてがキラキラ輝いて触りたくて仕方がないように映ると考えてみてね。それを抑える方が難しいの。だから、動いたり触ったりして怒られたり責められることで**一番困っているのは、ママたちじゃなくてそうちゃんなんだよ。**そうちゃんが悪いことは一つもなくて、生まれ持った特性の一つだからね。そして苦手なところは、コントロールできるようにアプローチしたり、得意なところは伸ばしたりできるから、苦手さは成長によってマイルドになることはできるけど、そのためにはそうちゃんの特性をよく理解してくれる人が必要だね。」そう言ってくれました。

福本先生は、親である私のことを何度も受容し、認めてくれました。さらに、そうちゃんの特性をわかるように言語化してくれました。

この先生はわかってくれる！信じて進もう！すぐにそう思いました。

そして、そうちゃんの持って生まれた特性を理解し、叱ることは効果的ではないと気づきました。さらに、親だけでは難しいことは、支援員の力を堂々と借りてもいいことも教えてもらい、随分と気持ちが楽になりました。

私は私の人生を動かし始めたら、今度はちゃんとそうちゃんとの関係が良好になるために必要な人との縁も結びついていきました。

専門家からのそうちゃんへの対応はそれは見事で、すぐにそうちゃんは先生を好きになりました。そして作業療法士の男の先生がまるでお兄ちゃんのように大好きで、リハビリを喜んでいくようになりました。

枠の概念がなくて、触っていいところといけないところがわからない、書いていいところや順番がわかりにくいところを、ひとつづつ丁寧に環境を整えながら、そうちゃんに理解できるように関わっていただき、大好きな運動も一緒にやることで楽しみも与えてくださいました。名前を枠の中に立派に書けるようになって小学校へいくこともできました。

人の力を借りることで私は私の過去の経験だけではわからないことがわかるようになり、味方が増えて、主人もそこに入ってくれることで、そうちゃんを理解する人がどんどん増えていきました。

専門家からの説明でそうちゃんの脳が少しづつ理解できるようになり、心から思えるようになったのは、**そうちゃんはそうちゃんで素晴らしいということでした。できないところや苦手ではなく、できていることを認めて、とにかくあなたのままで素晴らしいということを伝え続けました。**体力がなくなって疲れたときは、主人に交代したり、夫婦で力を合わせて対応し、そのうち両親も理解して力を貸してくれるようになりました。私は孤独ではなくなりました。

みなさんも子育てに悩んだら、専門家含め人の力を堂々と借りてください。

そして今そうちゃんは自己コントロールして、イキイキと自分らしく生活できています。

授業中座っていられなかったそうちゃんが療育手帳も返納し、問題行動を起こすこともなく、普通学級で学習ができているのも、学校の先生含め多くの人の力を借りたからです。

そうちゃんの幼少期のように、動きが活発であると特に育てにくさを感じる人もいるかもしれません。悩みながら子育てしている方もたくさんいると思います。わかっているけど現実が大変！という気持ちが私には痛いほどわかります。

だからこそ、親自身が捉える個性というものの**解釈が肯定的であって欲しい**と思っています。

私が尊敬するアチーブメント株式会社の青木社長は【事実は一つ解釈は無数】そして【人生=先天的特質×環境×本人の選択】と教えてくれました。この言葉を何度も聞いて私は希望を持ちました。

親も個性の塊、子どもだって個性の塊。どんな個性を持って生まれてきても、それで人生がすべて決まるわけではないということ。今回のようにいい医師に出会える環境やいい先生に出会えること、どんな親を持つかも環境の一つ。そして何より本人の選択が人生を彩るのだと理解しました。そして人の個性についても、いい悪いではなくて、個性の捉え方の解釈は無数にあるということ。それならば、否定的ではなく前向きに捉えて行動する力が必要です。

前向きになれないときこそ、**親は自分自身を整えなくてはいけません。**決して私のように、最悪になるまで気づかないということがありませんように。**孤独にならず、理解者を増やしてください。そして、自分自身を犠牲にせず健康でご機嫌にしてあげて下さい。**

育てにくさの中には、発達障害という特性を持っている子もいると思います。一人で悩まず、世の中には専門性の高い人がたくさんいます。何百人も個性を持つ子を見ている先生と自分とでは明らかに経験値が違います。

受診の際おすすめなのは、普段の子どもの様子がわかるように、映像や音声を持って伝えることです。出先で初めて会う人の前での顔と慣れた人の前での顔は異なることがありますから、より具体的に伝えるのにはリアルな映像が情報になります。

私はここまで語ったように、産後うつになったことは事実ですが、今は家族も仲良く、4人目の命も授かり、仕事や人のご縁にも恵まれています。まさにタイトルのように現実を変えてきました。もちろん人に救われた力や環境の力もありました。しかし大きくは何が変わったからここまで変わることができたのか。

選択理論心理学に出会い、自責で生きると決めたことが求める心と信念を生み、行動を変えることができました。その結果が今だとわかります。すべては考え方です。それこそが「現実を変えるチカラ」です。

あなたの人生は誰かや何かのせいで不幸になるわけではありません。あなたの人生を幸せにする責任は自分自身にあります。子どもや旦那さんが問題でもありません。お母さんになったからこそ、積極的に幸せになるための考え方を学んでください。あなたの考え方が幸せな現実を作り出します。あなたの人生はあなたの考え方で決まります。

共著の水野さんが選択理論心理学をわかりやすく伝えてくださっています。ぜひ第1章から何度も読み返してみてください。

最後に私は共著者の水野さんと出会ったことで、個性を持って生きることについてお互いに共感しあい、私たちが言葉にすることで、同じように悩む人がいるならば、そんな人たちの力になりたいと思うようになりました。

水野さんはとても人懐っこい中に、人と関わる緊張感も持ち合わせたような人で、心を開きながらも不安が入り混じっていることが話していても感じることがあります。

きっと今回の出版のチャレンジも並大抵の覚悟ではないことがわかります。

いろんな葛藤を抱えながらも、そんな経験があるからこそ伝えられることがあり、困難を乗り越えたことは誰かの力になると思っています。

個性を持つことで困難さを感じたり、自分に自信がない方、身近な人ほど人間関係に悩む方にもぜひ本を手に取り、自分自身の人生に置き換えて、活かしてみていただきたいと思います。

特に子育て中のみなさんは、未来を育てる子育てという立派な仕事をしています。

子どもたちは可能性の塊です。しかし、子どもの可能性を信じるためには、まず親自身が自分の可能性を信じられる、自分を心から愛することができる自分との関係を作って下さい。

私の子だから大丈夫！私とあなたの子だから大丈夫！と思える自分です。

子育ては自分の人生の一部です。子育てが人生ではありません。

自分の人生を自分色に彩ることは誰でもできます。

そしてそんなあなたを見て、子どもたちもきっと、色が違うことに悩むのではなく、自分色に輝こうとするのだと思います。

みなさんの人生が、これからも自分色に彩られ輝きますように。

あとがき

皆様、最後までお読みいただき本当に有難うございます。私たちがもっとも伝えたいことは、「幸せは自分で選択出来る」。障がいも魅力になる。憎しみを捨て、恩返しに生きる事も出来る。もしそれを本当に望むのならば。

人生は選択の連続です。事実をどのように捉えるか？そしてどのように行動するか？その二つで現実は創られていきます。もしも皆様が困難や障がいに立ち向かうときは、選択理論と目標達成の技術を思い出してください。コントロール可能な事は、思考と行為のみということを思い出して下さい。

私たちも様々な困難や障がいと日々闘っています。それでも立っていられるのは二つの技術と仲間のお陰です。私たちはきっと乗り越えられる。特に、発達障害と言う個性を持つ方にそれをお伝えしたいです。

私は弊社代表から、「誰にでも出来ることを、誰も出来ないくらいに特別熱心にやりなさい。」という言葉を頂き、それが私を支えてくれています。願望を明確化し、セルフカウンセリングをする習慣をつけて下さい。私たちは私たちの可能性を信じましょう。出来ることを最大限やってみる。きっとそれが一つの現実を変えるチカラになると信じています。

私は幸せになる選択を、皆さんと一緒に選択し続けていきたいです。

支えてくれた皆に本当に感謝してる。

あえて普段どおりの言葉で書くね

まず家族にありがとう。

育ててくれた母や兄弟達、本当に感謝しています。

一緒に闘ってくれたなつへ

本当にありがとう。なつに出会えて人生が変わった母への恩返しがしたかった俺にとってこの本をなつと作る事がある意味で母への恩返しの一つを達成出来た気がしてるんだ。一緒に生きられて誇りに思うよ。

平光へ
平光が俺にすべてのきっかけをくれた「雨の日の友」とは平光の事だな。まじで感謝してる。恩返し機会をくれて、、出会ってくれて本当にありがとう。これからも相棒として頼りにしてる。平光は一生の親友だよ。

メッセージを頂いた東さん、花田さん、池田さん。快く今回の企画にご協力頂き、本当に有難う御座いました。皆様のおかげで、この本が更に価値あるものとなりました。

職場の皆様や友人の皆様。そして学びの機会を与えて下さり、常に挑戦を応援して頂ける社長誠に有難う御座います。私が私らしく働けるのも、生きていられるのも、皆様が私に配慮してくださり、受け入れて下さるからです。普段から挑戦を見守っていてくださるおかげで心が満たされています。

私が障がい者ではなく、一人の人間で在り続けられるのも皆様が私を大切にしてくれているからです。私が何かにチャレンジしようとするとき、否定せずにいて下さるから私は、私の歩みたい人生を送る事が出来ております。心の底から感謝申し上げます。

私は皆様のおかげで、

〝水野展壽として生まれてきて良かった〟そのように思う事が出来ます。いつも本当にありがとうございます。

これからもずっと宜しくお願い致します。

モモンガプレス

現実《げんじつ》を変《か》えるチカラ
発達障害《はったつしょうがい》を乗《の》り越《こ》えて

2024年9月16日 初版第1刷
2024年9月27日 初版第2刷

著者　水野展壽・渡邉奈津紀

発行人　松崎義行

発行　みらいパブリッシング
〒166-0003 東京都杉並区高円寺南 4-26-12 福丸ビル 6F
TEL 03-5913-8611　FAX 03-5913-8011
https://miraipub.jp　mail：info@miraipub.jp

企画　田中英子

編集　塚原久美

ブックデザイン　坂本亜樹（デザイン室 白鳥と暮らす）

発売　星雲社（共同出版社・流通責任出版社）
〒112-0005 東京都文京区水道 1-3-30
TEL 03-3868-3275　FAX 03-3868-6588

印刷・製本　株式会社上野印刷所

ISBN978-4-434-34580-7 C0010